自治体の
公共政策

岩﨑 忠 [著]
Iwasaki Tadashi

学陽書房

はしがき

　本書は、「公共政策ってなんだろう？」と思われる方、生まれてはじめて公共政策を学ぶことになった方々を対象にそのしくみ、理論、実例を他の類書よりもできる限り平易かつシンプルにまとめたものです。

　公共政策を語る上で、国や自治体は欠くことができない主体です。とりわけ、わが国の自治体をめぐっては、国の権限を自治体に移譲するとともに自治体の自由度を拡大しようとする地方分権の動き、企業経営の発想と手法を行政に持ち込もうとする国の新しい行政運営の動きが同時に押し寄せています。そこで本書では、自治体を公共政策における主体の中心として取り上げることとしました。

　地方自治を取り巻く環境の変化の中で、自治体は自らの力で公共政策をつくり、その政策を効率的かつ効果的に実施していくことが求められています。そのため、自治体の公共政策は、条例という法形式だけにとどまらず、計画や予算といった形でまとめられることが多いのが現実です。

　著者は、神奈川県職員（1991年4月〜2010年3月）として、道路用地買収、地域計画策定、予算査定、指定管理者業務等に携わったことから、政策の立案・決定・執行といった一連の政策過程を経験してきました。その後、中央大学の授業「公共政策の最前線」（大学院公共政策研究科・法学部・総合政策学部）と「国土・都市行政」（理工学部）を担当させていただいた中で、授業の中で学生から出されるコメント・ペーパーをもとにわかりやすく授業を行う大切さを実感してきました。このような実務経験及び教育経験から「公共政策」をわかりやすく丁寧にまとめようとしたのが本書なのです。

　そこで、本書は次の3部から構成することにしました。

　まず、第1章は、比較的導入しやすい「公共政策の基本を知ろう！」としてまとめてみました。公共政策を作成するときの内容や政策がどのようにつくられていくかについて条例、予算、総合計画のそれぞれにつ

いて一連の過程をまとめて説明しています。また、自治体の意思決定機関である自治体議会で行われる質問・答弁の調整過程や自治体の行政運営に民間企業の発想を取り入れた指定管理者制度についてもその運用状況と注意すべき点を指摘しています。

次に、第2章は、「基礎理論と実際をみてみよう！」と銘打って、できるだけわかりやすい言葉を使ってまとめようと努力しました。基本は公共政策の理論について説明していますが、自治体における公共政策の特徴を捉える上で大切な「国と地方の政府間関係論」に加え、後半では自治体政策法務の考え方も地方分権時代の今日、大切な視点なので取り上げました。

さらに、指定管理者制度で代表されるように自治体の仕事を民間及び地域社会が担う場合がありますので、民間・政府・地域社会による問題解決方法とその限界について説明することにしました。

最後の第3章は「自治体政策づくりを事例で学ぼう！」として、具体事例の政策過程を紹介することにしました。条例制定過程については、首長のトップダウンの立案過程として受動喫煙防止条例を、ボトムアップの立案過程として神奈川県土砂適正処理条例を取り上げてそれぞれの特徴を紹介することにしました。

次に、ブラックボックスで行われる一般的な予算編成過程について、市民参加手続を取り入れている我孫子市の事例を紹介し、その特徴を紹介しています。また、価値観が多様化する今日、政策を実施・執行していく過程で、市民との合意調達は困難なことが予想されますが、これへの対応として用地買収業務を取り上げて、そこで培われた技術を考察することとしました。

さらに、「地球温暖化対策」を取り上げて、国際レベル、国レベルの政策に対して自治体としてどのように取り組むかを明らかにすることにしました。

そして最後に、今日の公共政策を学ぶ上で見逃すことができない「老朽化する社会資本」への対応について、考察することにしました。

今回の執筆にあたっては、中央大学の学生から、毎回授業でいただい

たコメント・ペーパーの中に授業内容とレジュメを一冊の本にまとめた方がいいという意見が複数あり、学陽書房編集部の宮川純一氏に相談したところ、実現する運びになりました。

　神奈川県職員を退職して地方自治総合研究所の研究員になり、3年が経過しましたが、本書を刊行できたのは、神奈川県職員として19年間の実務経験を得ることができたことと、県職員時代から良き先輩であり、良き指導者である礒崎初仁教授（中央大学）が身近にいらしていただいたおかげだと思います。今回の出版にあたっても貴重なアドバイスをいただくことができました。ありがとうございました。

　私自身、研究者としてはまだまだ未熟であり、本務地である地方自治総合研究所の辻山幸宣所長、今村都南雄研究理事をはじめ関係者のみなさんに支えられていることに深く感謝しています。また、学陽書房編集部の宮川純一氏には、励ましの言葉と編集にあたって多大なる協力をいただきました。ありがとうございました。さらに、こうして発刊にたどりつくことができたのは、やはり家族の協力があったからだと思い、感謝しています。

　本書が、自治体の公共政策について学んでみたいと関心をもつ方々に読まれ、活用され、今後の自治体政策の発展に貢献できれば幸いです。

2013年4月吉日

岩﨑　忠

自治体の公共政策 ●目次

はしがき ………………………………………………………………… 3

第1章 公共政策の基本を知ろう！

1 公共政策とは一言でいうと？ ………………………………… 10
2 公共政策はどのように定められているの？ ………………… 14
3 公共政策はどんなふうにしてつくられるの？
　　　　　―政策の循環過程・課題設定・立案過程 ………… 18
4 公共政策はどのように決められ、実施されるの？
　　　　　―政策決定・執行過程 ………………………… 23
5 公共政策はどうやって評価されるの？
　　　　　―政策評価 ………………………………………… 32
6 条例はどんな過程を経てつくられるの？ …………………… 36
7 自治体の予算ってどのようにつくられるの？ ……………… 40
8 総合計画はどのようにして決められるの？ ………………… 44
9 自治体議会の質問と答弁はどのように行われているの？ … 48
10 指定管理者制度ってどんな制度？ …………………………… 53

第2章 基礎理論と実際をみてみよう！

11 公共政策の理論を知ろう！ …………………………………… 66
12 国と地方の政府間関係ってどんな関係？ …………………… 71
13 市場・政府・地域社会による問題解決の方法とは？ ……… 80
14 自治体政策法務とは？ ………………………………………… 86
15 自治体政策法務を具体的にみてみよう！ …………………… 97

第3章　自治体政策づくりを事例で学ぼう！

16 条例はどんなふうに設計されたの？
　　──受動喫煙防止条例① ………………………… 106
17 条例はどのように形づくられたの？
　　──受動喫煙防止条例② ………………………… 110
18 条例はどうやって施行されたの？
　　──受動喫煙防止条例③ ………………………… 114
19 地域課題はどのようにして条例になるの？
　　──建設発生土対策条例① ……………………… 119
20 条例はどういった過程で整備されたの？
　　──建設発生土対策条例② ……………………… 124
21 市民参加による予算編成・補助金交付決定とは？ …………… 134
22 公共事業の合意調達と説明責任とは？
　　──公共用地買収① ……………………………… 138
23 公共事業の政策はどうやって進められるの？
　　──公共用地買収② ……………………………… 142
24 地球温暖化に対して国はどのように対応したの？
　　──国際社会・国・自治体の政策手法① ……… 150
25 地球温暖化対策を自治体はどう進めていくの？
　　──国際社会・国・自治体の政策手法② ……… 155
26 老朽化する社会資本にはどのような対策を講じるの？ ……… 160

参考文献 …………………………………………………………… 165

第1章

公共政策の基本を知ろう！

1 公共政策とは一言でいうと？

◆政策の主体は？

　私たちは日常生活を送っている中で、絶えず解決すべき課題に接しています。例えば、福祉問題、雇用問題、環境問題、都市問題、教育問題などがあると思います。

　こうした日常課題を解決するための手法が、政策です。そして、解決すべき課題に直面している限り、誰もが政策の主体となります。私たち個人の経験ないし考え方が政策の出発点なのです。

　政策は、市民の日常生活から市民、団体・企業、政党、政府レベルのそれぞれの段階でつくられます。

　民間企業の販売政策、出店政策などの活動方針も広い意味で政策に含まれます。

　また、政策の主体については、①政治主体としての市民、②制度主体としての自治体のみならず、公共の担い手の変化に伴い、重層化、多元化の視点で考える必要があります。(松下（1991）3～17頁参照)

　つまり、政策には、大きく市町村、都道府県、中央政府による「重層化」に加え、政府セクターの主体が策定、実現する政府サイドの「公共政策」とは別に、市民・民間セクターの主体が自ら策定、実現する「多元化」の領域があります。さらに、政府セクターによる「公共政策」と市民・民間セクターが担う政策が融合する政策領域があります。

　したがって、政策の主体は、政府のみならず、市民、民間企業、市民団体、NPO（特定非営利活動法人）等多様です（図表1参照）。

◆公共政策ってなぁに？

　公共政策（Public Policy）とは、一言でいえば「公共的な課題を解決するための活動の方針であり、目的と手段の体系をなすもの」と考えられます。(礒崎・金井・伊藤（2011）88頁以下参照)

　公共政策といえるための条件は、次の3つです。

（1）「公共的課題」を解決するためにつくられるものであること

　社会には様々な課題が生じますが、そのなかでも個人では解決することが難しい問題領域、社会の構成員の共通利益にかかわる問題であって、これを社会全体で解決する必要があると認識された課題である必要があります。

　土地の境界争いなどの私人間の問題であれば、当事者の話合いや民事訴訟にゆだねればよく、公共政策として取り上げる必要はないのです。ただし、マンション建設による日照・景観等をめぐる問題は、建築主と周辺住民の私的紛争ととらえることもできますが、地域社会全体の公共的な課題としてとらえることも可能です。

図表1　政策類型

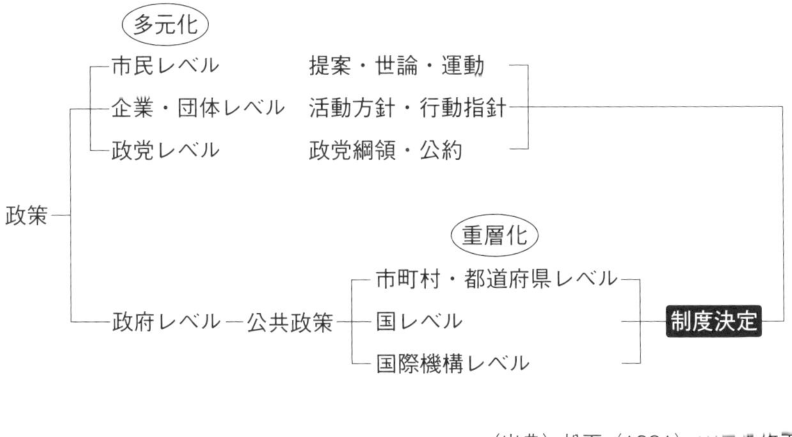

```
                 ┌（多元化）
                 ├─市民レベル      ──提案・世論・運動──┐
                 ├─企業・団体レベル ──活動方針・行動指針─┤
                 ├─政党レベル      ──政党綱領・公約────┤
政策─┤                                                │
                 │                （重層化）           │
                 │        ┌─市町村・都道府県レベル───┤
                 └─政府レベル─公共政策─┼─国レベル        ──┤制度決定
                          └─国際機構レベル────┘
```

（出典）松下（1991）13頁を修正

第1章　公共政策の基本を知ろう！　11

（2）課題解決のための「活動の方針」であること

　公共政策は、活動そのものではなく、あくまでも活動の方針、活動の案なのです。したがって、活動の方針が効果を発揮するためには、一定の方針に従って計画的に実施することが必要です。例えば、建築規制を行うためには、条例や要綱を定めて規制対象や許可等の基準を明らかにする必要があります。

　また、国や自治体等政府セクターが政策を実施するだけでなく、多様化するニーズに効率的、効果的に対応するため、市民レベル・企業レベル等の公共的活動が重要になります。

（3）目的と手段の体系をなすこと

　目的が明示されていないものや目的が明示されているがそれを実現するための具体的な手段が定められていないものがあります。こうしたものは、単独では活動の方針として意味をなさないため、「公共政策」とはいえません。例えば、「安全安心な社会をつくる」といった首長の選挙公約などは公共政策として未完成であり、具体的な手段が明らかになって初めて公共政策として成り立ちます。つまり、公共政策とは、目的と手段が明らかになって、それが有機的につながって完結するものなのです。

◆公共政策の体系って？

　「公共政策」といっても、対象としている範囲やレベルによって包括的なものから具体的なものまで様々なものがあります。

　また、ある包括的な「公共政策」を採用した場合は、それを実現するための手段として、より具体的な「公共政策」を採用することになります。つまり、「目的」と「手段」の連鎖構造（ツリー構造）になっています。

　そこで、「公共政策」を包括性・具体性によって、政策（Policy）―施策（Program）―事業（Project）の3区分でとらえることができます。言い換えると、基本構想、基本計画、実施計画の3つのレベルでとらえることができると思います。

> 政策（Policy）―施策（Program）―事業（Project）
> 　（基本構想）　　　（基本計画）　　　（実施計画）

　都市基盤政策を例にとると、対象ごとに、道路政策、河川政策、海岸政策といった「政策」に分類することができ、そのうち道路政策を実現するための道路整備施策、道路維持管理施策等の「施策」があり、さらに道路整備施策には、路面整備事業、歩道整備事業、案内標識・照明灯・ガードレール等の交通安全施設等整備事業等の「事業」があるのです。

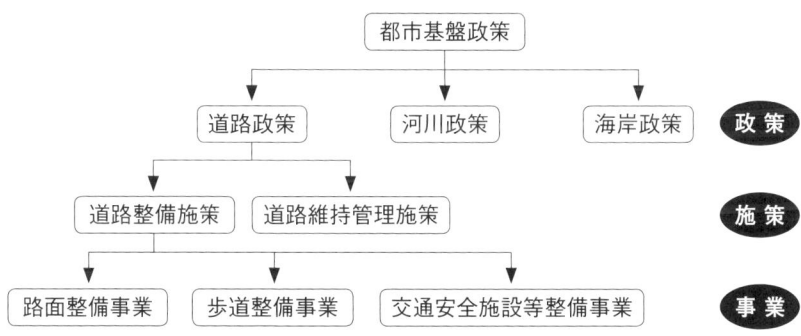

図表２　都市基盤政策のツリー構造

以下のようにまとめることができます。
① 政策は、市町村・都道府県・国・国際機構レベルの多層化された政府レベルの公共政策のみならず市民・民間企業・市民団体、NPO（特定非営利活動法人）等のレベルの政策もあり、多層化されています。
② このうち、公共政策は、公共的課題を解決するための活動の方針（案）であって、目的と手段の体系をなすものといえます。
③ これを包括性・具体性によってとらえると政策（Policy）―施策（Program）―事業（Project）の３つに分類することができ、それぞれが目的―手段の連鎖によって、ツリー状の構造をなしています。

2 公共政策はどのように定められているの？

◆公共政策を構成する要素とは？

　私たちが、公共政策をつくろうとしたとき、何を定めればいいでしょうか。また、何が定められるべきでしょうか。

　主要な要素としては、目的、主体、対象、手段、基準が含まれなければならないと思います。これらの要素が体系的に組み合わされて、公共政策の完結した構造を形成します。

1 目的（何のために）

　公共政策には、達成しようとする目的が含まれている必要があります。解決しようとする社会的課題が解決された状態や社会が達成すべき望ましい状態です。

　この目的は、具体的な数値目標として表現できることもありますが、抽象的な表現でしか表せない場合もあります。

2 主体（誰が）

　次に、主体です。これは、誰がこの活動を行うか特定するものです。公共政策の多元化に伴い、市民、民間ボランティアやNPOの役割が重要になってきており、これらの主体の役割分担と相互関係を明確にすることが政策形成の課題です。

3 対象（誰に、何に）

　公共政策を実現する上で、対象となる人を特定したり、行為の態様を特定したり、地域を特定します。

　私人の権利・自由を制限する規制行政においては、規制の対象となる行為を行う者が対象となり、私人に対し何らかの便益を与える給付行政においては、その受給者が対象となります。

4 手段（どういう手段で）

社会的課題を解決するために、社会に対して働きかける際の手段・方法が必要です。

社会的問題解決のための手法は、法的な権限に基づく命令・許認可から「お知らせ」などの呼びかけに至るまで多様ですが、次の５つの手段に分類できます。これらの手段を組み合わせることにより、政策目的を達成できる手段が構成されます。

① 「権力的手段」

権力的手段は、法的な根拠に基づいて対象者に一定の義務付けを行い、それに反した場合は、制裁をもって政策を実現するといった、罰則によって担保された方法です。この手段は、最も強力で、確実ですが、対象者の権利を侵害する恐れがありますので、厳格な対応が必要です。

実際には、強制の可能性を示唆することや罰則適用を威嚇（いかく）することによって義務の遵守を促すこともあります。

② 「経済的な誘因提供」

人々は、多くの場合、何らかのインセンティブに反応します。そこで、こうすれば得をし、しなければ損をするように行動環境を操作することによって、特定の行動をとるように誘導する方法が考えられます。補助金の給付や利子補給、税の減免措置など積極的に利益を付与する場合と税金を賦課するなど、制度が期待する行動をとらないと政策の対象者が不利益を被る場合があります。

この手段は、対象者の任意の行動に基づいて政策実現がなされますが、自己の利益を最大限目指す動機が存在する限り、実現に向けて確実な手段です。

③ 「情報の提供」

人々は、一定の情報に基づいて行動を選択します。そこで一定の行動をとるような情報を積極的に提供することで、対象者の行動を制御する方法です。

この手段については、一定の行動を促す指導から相手の理性に訴え

かける説得、感性に訴える宣伝などがあります。この手法は、人の心理への働きかけですので、実現に向けて確実な手法であるとはいえません。

④ 「物理的な制御」

進入禁止ゲートを設置するように、行動が行われる環境を物理的に変えることにより、対象者の行動を制御する方法です。

この手段は、実現可能性は確実であり、日常的な監視を必要とせず、直接相手と接触することがないという利点を持っていますが、利用できる場合は、非常に限定されています。

⑤ 「組織」による対応

何らかの組織から編成された人的・物的な能力を使って目的とする方向に誘導する方法です。既存の行政組織で対応するか、あるいは新しく組織を設けて対応するか、また、組織にどれだけの権限を与えて、人的・物的資源をどの程度配分するかなどの検討をすることになります。

5 基準（どういう基準で）

公共政策の構成要素には、活動の際に従わなければならない基準・手続も必要です。基準・手続とは例えば、執行手段が、許認可であれば許認可の基準・手続のことであり、補助金の交付であれば補助金交付の基準・手続のことを言います。

◆公共政策はどのような形で示されるの？

公共政策は、意思決定されると公示形式（広く公に示すための形・方法）として定められることによって初めて執行可能になります。それまでは、単なる机上のアイデアにすぎません。では、どのような公示形式によって定められるのでしょうか。

公示形式の中心は、議会で制定される「法」（法律や条例）です。

「法」は主として行政機関の権利・手続と国民の権利・義務等について規定し、政策を規範面から支える点で、政策の手段であるといえます。

同様に、政策の公示形式であり、手段であるものとして「計画」と「予算」があります。
　「計画」は、一定の期間における行政活動の目標と手段を総合的かつ計画的に定めたものです。
　「予算」は、一会計年度における施策・事業を裏付ける歳入と歳出の見積もりで、支出可能性を示します。
　公共政策は、「法」だけで公示される場合もあれば、「法」を定めた上で、「計画」を定めたり、「予算」対応する場合もあります。また、「法」を制定しないで、「計画」を定めたり、「予算」だけで対応する場合もあり、組合せは様々です。
　さらに、行政機関の「行動基準」や「指針」なども、その規定の仕方（体系性・具体性）によりますが、行政活動の内容を具体的に示しているならば、一種の公示形式と呼ぶことができます。

図表3　公共政策と法・計画・予算の関係

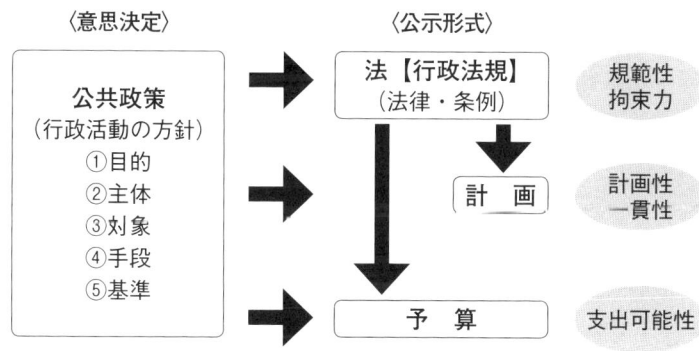

（出典）自治体法務検定委員会編『自治検・自治体法務検定公式テキスト　政策法務編』第一法規、2009年、282頁を一部修正

3 公共政策はどんなふうにしてつくられるの?
——政策の循環過程・課題設定・立案過程

◆政策ができるまで——政策の循環過程

政策はどのようにつくられ、実現されていくのでしょうか。

政策の過程は、計画（plan）、執行（do）、評価（see）の3段階の把握もありますし、計画（plan）、執行（do）、評価（check）、改善（action）の4段階でとらえるPDCAサイクルで把握する場合もあります。これらの手法は広く使われていますが、立案者と決定者の違いが軽視されるなど公共政策にはなじまない面があります。

そこで、ここでは、課題設定、政策立案、政策決定、政策執行、政策評価の5段階で説明したいと思います。

なお、このような政策過程の諸段階は、現実には独立して存在しているのではなく、発生する課題に対して、複数の段階が相互に関連し合っています。ひとつの課題の解決が次の課題を生み、あるいは別の課題を発生させます。このため、政策過程は、一方向への直線的な流れではなく、行き戻りしながら複雑なプロセスをたどることが一般的です。

図表4　政策の循環過程

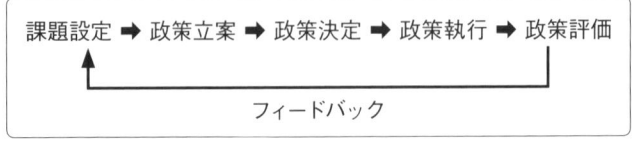

（1）公共的課題としての認識

政策がつくられるためには、自治体や公益団体が社会に存在する様々

な問題を察知し、その原因・背景を分析して公共的課題として認識し、検討を開始することが必要です。

　そのきっかけは政府（自治体）職員が日々の仕事の中で課題を感じ取って検討を始めることが多いですが、首長が市民や支持者の陳情・要望を受けて実施することもあります。また、議員の議会質問や陳情によって検討を始めることもあります。さらに、市民運動や業界団体の活動がきっかけになることもあります。

（2）キングダンの「政策の窓」理論

　アジェンダ（議題）設定研究の第一人者であるキングダン（John W. Kingdon）は、政策課題が認識され、立案されていく過程を3つの流れから説明します。

　まず、①多くの問題の中から特定の問題が注目され、政府アジェンダとして関心を集める「問題の流れ」の過程、②様々なアイデアの中から特定のアイデアが政策案として提示され、真剣に論じられる「政策の流れ」の過程、③多様な政治勢力が特定の政治課題を政府アジェンダとして受容する「政治の流れ」の過程、この3つの流れが一緒になったとき、政策の決定の動きが本格化すると考えました。これが、キングダンの「政策の窓」理論です。

◆政策をまとめあげる──政策立案

（1）基本設計と詳細設計

　政策立案とは、課題解決のために必要な活動の方針案を列挙し、その方針案等のメリットやデメリット、費用対効果等を比較考量して、ひとつの案にまとめる段階のことをいいます。

　政策案の基本的な事項を検討する「基本設計（基本構想・基本計画）」を検討する段階には、首長がリーダーシップを発揮することが多いといえます。また、関係団体の代表や有識者による審議会や検討会等の諮問機関を通じて審議することも多く、最近では公募による市民がこうした機関に参画することも多いです。さらに、神奈川県の「県民からの政策提案制度」など、直接市民が政策を提案する制度もあります。

これに対して、より詳細な事項を検討する「詳細設計（実施計画）」の段階は、始めから職員が担うことが通常です。

（2）ボトムアップ型とトップダウン型

政策の実施に携わっている現場の職員が既存の政策の問題点を発見し、その改善に向けた提案を自治体全体の政策形成過程にのせていく場合があります。この場合は「ボトムアップ型」の政策立案といえます。

一方、知事、議会、若しくは自治体幹部がある社会問題を指摘し、その解決を現場職員に指示し、解決策すなわち政策案をつくり上げたりすることがあります。こうした政策の立案は、いうなれば「トップダウン型」の政策立案といえます。

（3）政策立案と政策転換のコスト

行政組織においてある政策課題に対応する場合は、まずは、既存の政策による対応（政策レパートリー）が検討され、その後、新規の政策による対応が模索されます。新規の政策立案においては、政策立案のコストと政策転換のコストが考慮されます。

政策課題への対応をコストのかからない順に整理すると、①微修正、②転用、③模倣、④研究開発となります。それぞれは次の通りです。

① **微修正**

現行業務の実施方法のごく一部を手直しすることによって置かれている環境条件の変化に対応しようとするもので、行政規則レベルの修正、定員や予算の増減措置が当てはまります。

② **転用**

現行業務の実施方法を構成している要素に少しずつ修正を加え、従来とは異なる目的・対象の業務に利用しようとするもので、学校教育施設を生涯学習施設に転換しようとする場合等が該当します。

③ **模倣**

現行業務の実施方法では対応できないため、全く新規の政策を採択する場合で、他の国、自治体によってすでに実施され、それなりの成果を実証している政策を模倣して導入することです。「相互参照」ということもできます。

④ 研究開発

　行政における政策研究は、まず内部での統計調査等の調査研究に始まり、その後、外部の専門家を交えて審議会等への諮問が行われます。
　政策立案コスト、政策転換コストの双方が大きいので、政策立案者にとっては最後の選択肢になります。

図表5　政策対応のレベル

		政策転換のコスト	
		小さい（現行業務）	大きい（新規政策）
政策立案のコスト	小さい	微修正	模倣
	大きい	転用	研究開発

（出典）西尾（2001）263頁

（4）政策案の現実性

　政策への対応は、コストの観点だけが勘案されているわけではなく、政策の現実性が考慮されなければいけません。この政策案の現実性については、①政治上の実現可能性、②資源の調達可能性、③業務上の執行可能性の3つの現実性に分かれます。

① 政治上の実現可能性

　政策原案を立案した後に、政党や利益団体の承認を得て、議会審議を通過成立できるか否かの見込みを示します。

② 資源の調達可能性

　政策を実施するのに必要な権限、組織、人員、財源を調達する見込みが立つか否かです。

③ 業務上の執行可能性

　行政組織と対象集団の相互作用の局面での問題です。道路建設行政を例として示すと、用地を取得できるかどうかということです。
　この3つの現実性について事前の予測が行われ、その段階で現実性が欠けると判断された政策案は、綿密な検討からはずされます。これらの現実性が満たされないと成案には至らないのです。

(5) 政府対応レベル（目的と手段の側面）

　公共政策は達成すべき目的と目的実現の手段から構成されます。

　新しい政策が立案される場合であっても、既存の政策がベースになって立案される場合や既存政策の変更をする場合は、既存政策の目的の変更なのか、手段の変更なのかを明らかにすることによって、改正する論点が明らかになります。（廣瀬（1998）304～305頁）

　例えば、①目的と手段の両方を変更するもの、②目的は変わらず、手段を変更しようとするもの、③手段は変わらず目的を変更するもの、④目的も手段も変わらないが、手段・管理の方法を変更しようとするものが考えられます。

　①の場合は、ある政策目的が、政府の責任領域でないとして、その政策から撤退し担当の行政組織などを解体してしまう場合が該当します。

　②の場合は、政府が直営で供給してきたサービスを企業等の政策が主体になって供給される場合が該当します。

　③の場合は、既存の行政組織が既存の政策手段を用いながらそれまでとは違った目的を達成しようとするような政策変更の場合であり、例えば、当初は、産業振興や保護・育成を目的にしたが、農村の地域振興や保護という目的に転換することなどが該当します。

　④の場合は、英国におけるエイジェンシー化が典型例として挙げられます。エイジェンシー化は、政策の実施部門を独立させ、柔軟な組織運営をさせることで効率的・効果的に業務を実施させることを目的にします。業務の執行は従来同様公務員が行いますが、権限に基づくヒエラルヒー組織から業務契約を結ぶ契約による管理手法に変更するものです。

　このように目的と手段を区分することで、提起された改革案をどこまで評価すればいいかが明確になります。例えば、①と③は目的の変更の適否について評価が不可欠だし、②と④は手段の選択や手段の管理の適切性が問われます。

4 公共政策はどのように決められ、実施されるの?
——政策決定、執行過程

◆納得して合意する——政策決定

　前項でまとめられた政策案はどのように決定され、執行されていくのでしょうか。公共政策の形成過程と実現化について説明します。

(1) 政策決定「過程」の現場

　自治体の政策形成過程は、ボトム層（一般職員）、ミドル層（管理職）が常に登場し、トップ層（首長等自治体幹部）も重要な政策決定に関してほとんどの場合何らかの関与を行っています。この三者に加え、総務・企画（スタッフ部局）が加わったり、審議会等が関与することがあります。

　まず、ボトム層が課題設定、基本方針を策定してミドル層に諮り、トップ層が決定を行う「ボトムアップモデル（積み上げ・承認型）」と、トップ層が課題設定、基本方針を行い、それを受けてボトム層が立案し、再びトップ層が決定する「トップダウンモデル（指示・積み上げ型）」の大きく2通りがあると考えられます。次に、幹部会議や審議会などの合議機関が重要な位置を占めているのです。

① 幹部会議（庁議）

　自治体では、首長と幹部職員で構成される庁議や部局間調整のための会議、特定課題に対応するためのプロジェクトチーム、業務の進行管理のための部内打ち合わせなど合議の意思決定の場が公式・非公式に制度化されています。首長と幹部職員で構成される庁議は、首長による意思決定を行う上で実質的な審議の場として活用されています。

　このような幹部会議が行う政策決定は、構成員の少数精鋭化、審議過程の公開、外部専門家の活用を通じて、迅速性、透明性、専門性を

確保しているといえます。
② 審議会

　幹部会議が原則として職員で構成されているのに対して、外部専門家や各種団体代表、住民代表等、原則として庁外の主体で構成されるのが各種審議会です。

　審議会は、諮問機関であることから、厳密には政策決定機関ではありませんが、専門家や利害関係者による慎重な審議を経て、最終的には合議体としての意思を決定・表明することが期待されます。

　審議会における意思決定に正当性を持たせるためには、会議公開という透明性確保に加え、構成員の専門性確保と住民代表制確保という２つの方策が考えられます。

　第一に、構成員の専門性を確保し、政策の質を高めることを通じて、政策決定の信頼を得ることが大切です。政策課題に対する専門性を持つ自治体内外の人材を集めることで、政策の正当性を高めることができるのです。

　第二に、一般の住民を広く審議会に迎え入れ、構成員の住民代表制を確保することで意思決定の正当性を強調します。住民代表性を持つ審議会による意思決定は、それが民意の発露と熟議の積み重ねによって生み出されたものであれば、その正当性を高めることができます。

　さらに、政策形成にとっては政策分野ごとに形成されているプロフェッション集団のつながりである政策コミュニティの存在も重要です。
③ 政策コミュニティ

　政策コミュニティとは、政策分野ごとに形成されているプロフェッション集団のつながりをいい、利益集団や企業もその一角を占めることが多いのです。例えば、土木職の分野では、行政職員のほかに、第三セクター、設計コンサルタント会社、請負工事会社、国会議員、自治体議員、大学教授等の研究者など行政・民間の壁や国・自治体の違いをこえて連携を図り、政策形成、政策決定、政策執行に強い影響を与えています。また、2011年の福島原発事故でも注目されたように官庁・企業・大学にまたがる「原子力ムラ」も原子力行政に影響力を発

揮してきました。さらに福祉、医療、建築、農業、税務などの分野でも同様の役割を果たしています。

　こうしたつながりは、定期的に総会を開いたりして、つながりを強固なものにしており、適切に政策をつくりこれを円滑に実施する上で重要な役割を果たしています。しかし、一方で、専門性があまりに高いため全国画一の基準にこだわったり、社会的なルールや住民の利益を軽視して必要な改革を妨げる場合があります。

（2）政策「内容」の進捗

　政策形成のプロセスは、「課題設定→政策立案→政策決定」といった枠組みで説明することは可能ですが、これらは、理念的・便宜的な区分です。実際には、政策決定は、政策立案等の段階と相互に乗り入れ、あるいは同時に進行しており、単に時間的に区分することは困難です。

　特に、政策決定は、しばしば多段階に分かれ、さみだれ的に行われて分散化する傾向にあります。言い換えると、相互作用により政策決定がなされています。

　また、実現には、政策決定者は①政策目的の実現（便益：benefit）や②政策実施の費用、③政策実施の現実的可能性、④組織間の権限や利害、⑤トップ層の政治的立場、⑥世論やマスコミといった様々な要素を考慮し、全体として満足するかどうかで決定するように思われます。ただ、満足度を測る方法については、財政支出や人員の増加を見積もる程度で、客観的・科学的なデータを使用することは少ないといえます。

◆神奈川県立都市公園の指定管理者選定過程の例

　自治体の政策決定過程については、神奈川県立都市公園の指定管理者選定過程を例にして考察することにします。（指定管理者制度については詳しくは53頁参照）

（1）経緯

　神奈川県では、2009年4月からの県立都市公園の指定管理者選定に際して、外部有識者で構成される外部評価委員会（県土整備部指定管理者選定委員会都市公園部会）、県土整備部幹部職員で構成される県土整備

部指定管理者選定会議、知事・副知事・政策部長・総務部長、労務担当部長を基本メンバーとする行政システム改革調整会議が順次審査を行い、候補者を選定した上で、県議会の議決を経て知事が指定する手続がとられました。県立都市公園全ての25公園の選定を行いましたが、四季の森公園と三ツ池公園の外部評価委員会の選定結果は、評価点で差がつかず、委員の評価も分かれていました。

外部評価委員会は、公園の管理運営、都市緑地・自然環境保全分野の学識経験者3名、利用者サービスを受ける公園利用者の代表者1名、経営・財務評価に関する専門家1名から構成されていました。

四季の森公園と三ツ池公園ともにAを第1位とした委員は3名、BとC（共同企業体Bに1企業が加わった団体）を第1位にした委員は2名でした。委員の名前は公表されていませんが、両公園とも3名が学識経験者で、2名が公園利用者代表、経営・財務評価に関する専門家であったと考えると、審査結果に政策コミュニティが影響を与えた可能性があ

図表6　審査結果概要

四季の森公園

	第1位にした委員数	外部評価委員会総得点	管理運営経費の評点	指定管理料(a)(a/b)
A	3人	385点	74点	8,500万円(97.6%)
B	2人	373点	85点	7,833万円(90.0%)

（*）募集要項に記載した参考指定管理料　8,705万3,000円……（b）

三ツ池公園

	第1位にした委員数	外部評価委員会総得点	管理運営経費の評点	指定管理料(a)(a/b)
A	3人	389.6点	70点	8,600万円(95.9%)
C	2人	378.6点	85点	7,171万5,000円(80.0%)

（*）募集要項に記載した参考指定管理料　8,965万円……（b）

ったのではないかと疑われる余地があります。

　外部評価委員会は、委員全員の総合得点を重視して「利用者サービスの維持・向上」という観点から、いずれの公園もAを指定管理者候補としました。その後に行われた県土整備部の幹部による県土整備部指定管理者選定会議も同様に結論づけました。

　ところが、行政システム改革調整会議では、民間事業者の参入と管理運営経費の節減を重視する知事の意向で外部評価委員会の結論を覆し、四季の森公園はB、三ツ池公園はCを指定管理者候補とすることに変更しました。

（2）問題点

　自治体の政策決定手続は、行政内部で案を作成して、客観性及び専門性を補うために、外部の学識経験者等の専門家の意見を聞いて、最終的に政策決定するというのが一般的です。ところが、神奈川県指定管理者選考手続は、まずは専門家が評価し、専門家が決定した内容を行政内部の知事を筆頭とする行政システム改革調整会議が変更できる手続になっているのです。

　客観性及び専門性を補うはずの専門家が政策コミュニティという大きな括りの中にいる可能性を考慮すれば、政治家である首長の判断でこれを覆すことは民主主義という制度原理によって可能であり、知事は、行政システム改革調整会議という幹部会議の場を通じて、自らの意向をトップダウンで実現したと考えられます。

　しかしながら、外部評価委員会が最終的な決定機関ではないからといって、首長が外部評価委員会の決定を覆してしまうことによって、外部評価委員会の審査結果全体に不備があったと受け止められてしまい、外部評価委員会全体の評価自体の客観性・正当性が揺らいでしまう可能性があります。

（3）統一的なルールづくりの必要性

　この決定過程について、伊藤正次は、「『卓袱台をひっくり返す』ことは、首長のリーダーシップを演出するために時として必要であるかもしれないが、これが常態化すれば政策決定過程が不安定になり、政策決定

の信頼性と正当性は失われる……政策過程全体のプルーデンス（信用秩序維持）は自治体の政策決定に重要な要素である」と強調しています。（伊藤（2010）20～22頁参照）

　確かに、神奈川県立都市公園の指定管理者選定過程においては、外部評価委員会の評価点で差がつかず、委員の評価も分かれていた場合は、知事が出席する行政システム改革調整会議の主要課題になること、首長が「民間事業者の参入」という視点を重要視していることなどがあらかじめ示されていなかったこと、管理運営経費の配点の割合が低かったことなどから、首長の意向が反映された基本方針や評価基準が示されていなかったようです。

　今後は、外部評価委員会の審議に不備があったように疑われないようにするためにも、あらかじめ首長等が示した基本方針や評価基準に基づく選択肢を住民や専門家の前に示すなど一連の政策決定過程の中で統一的な評価による決定が行われることが重要と思います。

◆政策を実施する──政策執行

（1）政策執行過程の特徴

　政策の執行過程とは、政策を現実に当てはめて適用し、自治体が環境条件又は対象集団に実際に働きかける活動のプロセスです。

　政策は、自治体の活動の案にすぎず、これを現実に当てはめて実際に行おうとするプロセスでは様々な問題が生じます。例えば、規制政策を実施しようとする場合に、非規制者や周辺の者から予期しない抵抗が生じる場合もあるし、補助金等の給付行政を施行しようとする場合に行政内部で調整がつかないため、予算や人員が確保できず、事業を中止せざるを得ない場合もあります。

　執行過程において生じる事態について、政策をつくる段階ですべてを予想することは難しく、執行過程で、初めてこれらの課題を発見し、その対策を講じて、その政策の目的を実現していくことになります。もちろん、執行過程において、ただ政策の目的が実現されればいいのではなく、どのような方法や手続で、またどれだけのコストを支払って実現し

たかも重要です。

執行機関は、与えられた環境や対象集団に対して、必要な資源を確保し、政策目的を実現しなければならず、様々な問題を解決しながら、どうにかこうにか（muddling through）政策を執行しています。

（2）政策執行の制約条件

政策の執行活動では、適法であり、さらに政策目的を達成するという意味で有効であって、しかもそれを効率的に最小のコストで達成することが求められていますが、現実には、次のような制約が存在するために、常にこれらの要件を満たすことは困難です。

① 法的制約

執行活動は、適法性が求められますが、常に法律や条例が目的達成のために十分かつ必要な権限を明記し、行動内容を指示しているとは必ずしもいえません。

社会環境の変化によって法律や条例が制定された時点と状況が変わったとしても、十分に法律や条例の改正が行われない場合などがあり、または必要な権限が与えられなかったり、不要な手続が残っている場合があります。これらのことが執行活動の制約になります。

② 予算・資源制約

執行活動は、予算やその他の人的・物的資源を用いて行われます。それらの資源が目的達成にとって十分であれば問題ありませんが、現実には、予算が十分に与えられていなかったり、必要な資源が与えられていないことが少なくなく、そのことが執行活動の有効性を阻害する要因になっています。

③ 合意形成の困難さ

政策を実現するためには、できるだけ多くの関係者の理解を求め、抵抗を解消する又は弱める工夫が必要です。そのためには、政策の対象者だけでなく、様々な関係者の利害を調整して合意を確保することが大切です。

実際には、すべての関係者が政策に対して関心をもっているとはいえません。そのため、計画策定段階にあまり関心を持たない団体と個

人に対して事業実施段階でどのように情報提供し、参画してもらい、合意形成するかということは極めて重要なことです。

(3) PPP (Public Private Partnership＝官民連携)

　政策をより有効的かつ効率的に行うためには、官と民がパートナーを組んで事業を行います。個別の業務委託から、施設の維持管理を中心とした「第三者委託」や「指定管理者制度」、民間資金を活用して社会資本整備するPFI（Private Finance Initiative）、事業の運営権を民間に付与する「コンセッション方式」、資産の所有権も含め民間に譲渡する「完全民営化」まで様々です（図表7参照）。また、官民連携の選択肢としては、民間企業のみならず、地域住民、ボランティア、町内会、関係団体（農協・漁協、商工会議所、観光協会等）などが考えられます。

　なお、PFIには、次の3つの手法があります。

① BOO方式（Build Own Operate）

　民間事業者が施設等を建設し、維持・管理及び運営し、事業終了時点で民間事業者が施設を解体・撤去する等の事業方式。

② BOT方式（Build Operate Transfer）

　民間事業者が施設等を建設し、維持・管理及び運営し、事業終了後に公共施設等の管理者等に施設所有権を移転する事業方式。

③ BTO方式（Build Transfer Operate）

　民間事業者が施設等を建設し、施設完成直後に公共施設等の管理者等に所有権を移転し、民間事業者が維持・管理及び運営を行う最も利用されている事業方式。

図表7　官民連携形態

民間の関与　小 ←―――――――――――→ 大

業務等	個別委託（業務ごと）	第三者委託（管理ごと）	指定管理者制度	PFI	コンセッション方式	完全民営化
施設所有権	―	―	―	―	―	○
経営・計画	―	―	―	―	○	○
設計・建設	―	―	―	○	○	○
法的管理業務	―	―	○	○	○	○
運営管理業務	○	○	○	○	○	○
維持管理業務	○	○	○	○	○	○

図表8　維持管理・運営管理・法的管理の具体例（都市公園）

業務の種類		業務内容
法的管理業務	許認可等	設置管理許可、占用許可、行為許可、利用の禁止
		有料施設の利用承認、利用料金・使用料徴収
運営管理業務	安全巡視	パトロール、救護等
	利用指導	施設案内、利用方法の指導、苦情対応、県民協働等
	利用増進	広報　催事の実施、利用促進
	災害時の対応	待機連絡体制確保、被害調査・報告、応急措置
		本格復旧
維持管理業務	植物管理	樹木・草地・芝生・花壇等の維持・育成
	工作物管理	園路・広場・休養施設・管理施設等の維持・小規模修繕、自家用電気工作物に関する権限
	清掃	塵芥・便所等の清掃
	点検巡視	植物・工作物等の点検巡視　建築物等の定期点検
	整備・改修	建築物等の新築・増築・大規模修繕

（出典）『神奈川県立都市公園指定管理者募集要項(全公園編)平成20年4月』より作成

5 公共政策はどうやって評価されるの?
―政策評価

◆政策をチェックする――政策評価

　政策が執行された後には、その評価をしなければなりません。この項では、政策の循環過程の中の政策評価について説明します。

(1) 評価の必要性

　政策過程は、課題設定、政策立案、政策決定、政策執行、政策評価の各段階が相互に関連し合って、行き戻りしながら進んでいく循環過程ですので、ひとつの問題解決が新たな問題を生む可能性がある以上、過去の過ちを繰り返さずに、過去の経験を生かすために、政策評価をしっかりと位置付ける必要があります。

　また、行政スタイルを手続重視から成果重視に転換し、市民本位の効率的で質の高い行政を実現するとともに、市民に対する説明責任（アカウンタビリティ）を果たすために、政策評価は重要な取組みです。

(2) 評価時点

　政策評価には、政策の決定ないし政策の執行前の必要性・妥当性を検証するもの（事前評価）と政策の執行活動が終了した時点での事後的な政策の有効性及び執行活動の結果の評価（事後評価）があります。

(3) 評価主体

　政策評価は、職員が行う自己評価の場合と評価の客観性を担保するため議員や外部の学識経験者、公募市民、施設利用者等が行う外部評価があります。

　ただし、外部評価を行う議員や外部の学識経験者等は、行政・民間の壁や国・自治体の壁を超えて、例えば、福祉、医療、土木、建築といった分野ごとに形成されるプロフェッション（職業人）の集団、人的つな

がりである「政策コミュニティ（policy community）」（24頁参照）に属している場合があります。この場合は、専門性という点では問題ないのですが、客観性という点で課題が残ります。

このため、評価を行う場合は専門性と市民性を両立させることが重要です。

（4）評価基準

評価の基準としては、主に必要性、適法性、有効性、効率性の4つが考えられます。

必要性とは、市民及び社会のニーズに合った政策になっているかどうか、また、他の手段で対応できないかどうか検証することです。

適法性とは、現代行政が法治主義の原則に基づいて行われ、執行活動は法律の根拠を必要とし、法律に違反してはならないとされていることから法律に適ったものであるかどうか判断することです。

有効性とは、執行活動は一定の政策目的の実現を目指して行われているので、目的の達成度及びその活動がどの程度社会に寄与しているのかを測る基準です。

効率性とは、文字通り効率よく政策が執行されているかを計る基準です。法律に従い、社会的に有効であるとしても、その効果に対して不必要に多くの経費を使うことは許されません。執行活動に投入できる資源量は有限である以上、可能な限り、少ない資源で大きな効果を上げることが望ましく、効率性が重要な評価基準となります。

このほか、市民との間で公平・平等に対応しているかといった公平性、住民の参加・NPO等と協働して政策を実現しているかといった協働性などの基準も考えられます。

（5）評価方法

適切な評価を行うためには、評価手法が大切ですが、その手法には定量的な手法と定性的な手法があります。

定量的な手法は、評価担当者が、便宜上、政策の対象となる人々や地域を把握して加工し「操作」するのに対して、定性的な手法は、評価手法に手をつけない、操作しない、ありのままの「姿」を評価しようとす

るものです。

　代表的な定量的手法は、回帰分析、費用／便益（効果）分析などがあり、これらは、「比較」、「操作化」（プログラムの変化が数字などで確認できるように条件を整える）、「コントロール」（他の説明がなされないように関連がない要素を排除する）、「一般可能性」（特定の調査対象となったプログラムだけでなく、類似のプログラム全体に関連付け適用する）といった４つの視点を引き出すことができます。一方、代表的な定性的手法としては、ケーススタディ、面接などがあり、インタビュー、観察、資料や記録の検討、調査などにより、数値では実際の姿が分からないときにこうした記述説明のスタイルをとることになります。

　評価手法を選択することは、評価基準の選定、設定の仕方によって評価結果が変わりうるので、評価する上で重要な作業となります。

◆政策評価の現状と課題

（１）政策評価の制度化

　政策評価は、以前はほとんど実施されてきませんでしたが、1990年代に三重県、静岡県、北海道などの自治体が開始して以来、全国の自治体で実施されています。

　2011年３月に総務省が発表した「地方公共団体における行政評価の取組状況」（2010年10月１日現在）によると、全自治体のほぼ半数の977団体で行政評価が導入されています。このうち都道府県、政令指定都市、中核市、特例市では、ほぼ導入済みですが、試行中を含めると、市区の88％（623市区）、町村の40％（377町村）で何らかの評価制度が運用されています。

　しかし、制度を導入している自治体のうち、条例を制定しているのはわずか81団体（８％）にとどまり、半数以上の528団体が条例よりもしばりのない要綱・要領での制度化にとどまっており、政策評価制度の導入、条例化は、大都市で進む一方、町村ではまだ検討途上といえます。

　国においても2001年６月に「行政機関が行う政策の評価に関する法律」（政策評価法）が制定されており、各省庁に政策評価が義務付けら

れています。政策評価法は、自己評価が原則で、その評価結果を担当する政策に反映させることになっています。また、政策評価の実施状況や評価結果を国会に報告することになっており、さらに分かりやすい評価書を作成したり、ホームページ等を通じて国民に対して積極的に公表しています。こういった評価の公表は、市民に対する説明責任（アカウンタビリティ）を果たすために重要です。

（2）評価指標・データの整備

　評価の指標・データについては、アウトプット、アウトカム、インパクトといった様々な段階の情報が考えられます。

　アウトプットとは、政策の実施のために投入された資源が、事業活動によって形を変えた直接の結果です。例えば、資金、資材、人員を投入して、事業活動をすることによって生まれる新しい公園、道路が該当します。

　アウトカムとは、政策のアウトプットを政策目的に沿って活用したことにより、社会環境に与える成果のことです。公園や道路が目的に沿って使われることにより、都市の利便性や快適性の向上に寄与したという事業の成果です。

　インパクトとは、政策の成果が時間的、空間的に広がりを持つようになったときの社会環境の広い範囲に与える影響です。公園や道路ができたことで人口が増加したとか、経済が活性化したとかいう、いわば波及効果、副次的効果です。

　これらの評価指標・データのうち、行政の対応状況であるアウトプットについての指標・データはかなり整備されていますが、事業の効果、社会への影響（副次的効果）であるアウトカム、インパクトといった指標・データについては整備が限られています。これでは、成果重視の行政への転換、市民への説明責任を果たすことは難しいので、こうした指標・データを整備することは政策評価を成り立たせるために重要なことといえます。

6 条例はどんな過程を経てつくられるの?

◆条例制定の現状

これまでのように政策はつくられただけでは実現したとはいえません。この項では、政策の公示形式のひとつである「条例」の制定過程について説明します。

条例制定手続は、発案者の違いに応じて、①議員提案（地方自治法112条1項、2項）、②首長の提案（同法149条1項1号）、③委員会の提案（同法109条7項）、④住民の直接請求（同法74条1項）の4種類があります。

実際には、図表9のとおり、首長による提案が圧倒的に多く、議員提出件数は5％前後の範囲にあり、国会の議員提出法案の割合よりも極め

図表9　議員・委員会・首長提出条例の件数比較

(単位：件)

区分	年	議員提出条例	委員会提出条例	首長提出条例
都道府県	2009年	127	31	3,317
	2008年	149	56	2,753
	2007年	181	36	3,322
市	2009年	1,294	272	28,665
	2008年	1,202	236	31,415
	2007年	1,794	—	30,501
町村	2009年	941	122	23,532
	2008年	687	100	25,121
	2007年	1,743	59	25,427

（出典）全国都道府県議長会、全国市議会議長会、全国町村議会議長会の各資料から作成

て少ない状況にあります。これは自治体議会が執行機関の監視に重点を置き、条例提案等の政策形成は執行機関に依存する傾向にあるからです。

今後は、①③④の活用が求められているところですが、今回は提案件数が圧倒的に多い②首長提案の場合を取り上げます。

◆条例制定過程

ここで、条例制定過程をより細かく分析するため、条例の立案過程を「基本設計」段階、「詳細設計」段階に分けて、「課題設定→基本設計→詳細設計→決定」の4区分に分けて図表10のとおり検討することにします。

（1）課題設定段階

「課題設定」段階は、地域社会の問題を認識し、その対応策として条例の制定を組織的な課題とする段階です。

そもそも条例制定の契機は、自治体の政策判断と関係が深いものから浅いものまで様々です。例えば、国の法令改正に伴いその委任条例や施行条例を改正するケースは自治体独自の政策判断と関係がありません。

一方で、日常的に関係している事務事業を実施している主管課が課題設定する場合や首長が自らの政策方針に基づいて条例制定の検討を主管課に指示する場合もあります。また、自治体内の主管課を横断する総務部局が課題設定する場合、さらに、議会審議による課題設定や住民提案による課題設定の場合もあります。

いずれにしても、この段階では、直接事業を実施している主管課が中心になって課題がとりまとめられています。

（2）基本設計段階

「基本設計」段階は、条例案の基本的内容（目的、主体、対象、手段、基準等）を検討し、その骨格を固める段階です。この段階でも主管課が中心となって役割を果たしますが、政策志向型の条例については首長の指示やその意向が重要な役割を果たすことも多いと思います。

検討に当たっては、有識者等による研究会等を設置することもあります。また、シンクタンク等専門研究機関に条例案を委託することもあります。さらに、「横並び競争」とか「相互参照」といわれていますが、

他自治体の先行条例を参考にすることがあります。また、庁内の関係機関との調整はこの段階で行われます。例外的ですが、重要条例などの場合、議員や関係団体など有力な関係者に対して、この段階で、条例の方向性について事前説明・調整を行う場合があります。

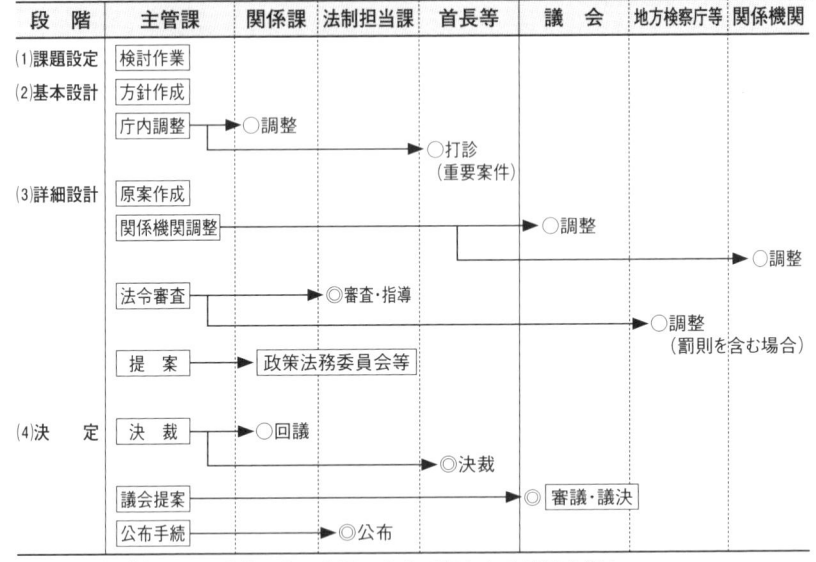

図表10　条例制定のプロセス（首長提案の場合）

段　階	主管課	関係課	法制担当課	首長等	議　会	地方検察庁等	関係機関
(1)課題設定	検討作業						
(2)基本設計	方針作成						
	庁内調整	○調整					
				○打診(重要案件)			
(3)詳細設計	原案作成						
	関係機関調整				○調整		
							○調整
	法令審査		◎審査・指導				
						○調整(罰則を含む場合)	
	提　案		政策法務委員会等				
(4)決　定	決　裁	○回議					
				●決裁			
	議会提案				審議・議決		
	公布手続		◎公布				

※　◎は必ず行われる手続、○は必要に応じて行われる手続を指す。

（3）詳細設計段階

「詳細設計」段階は、基本設計の結果を踏まえて条例案の詳細を検討し、最終的な条例案を作成する段階です。この段階では、主管課が主たる推進役になりますが、条例案の作成は法制担当課の審査・指導が重要な役割を果たします。「政策法務委員会」等の組織を設置している自治体では、この段階で審査・調整が行われます。

また、罰則を規定しようとする場合は、地方検察庁や警察等の捜査機関との協議も行われます。さらにこの段階で組織外にも情報を提供し、市町村、国、関係団体等との調整も行われます。また、パブリック・コメントを実施したり、説明会を開催するなど条例案を公開し、広く住民

の意見を聴くこともあります。

（4）決定段階

「決定」段階は、執行機関が条例案を確定し、議会に提案するとともに、議会が審議の上、議決する段階です。条例提案について首長の決裁を受ける手続も「決定」段階の一部として把握することができます。この段階では、首長の判断、議会における審議や調整が重要な意味を持つことになります。

◆条例の立法評価とは？

　条例は、計画や予算とは異なり、定期的な評価の機会が限られており、一度制定されると廃止されない傾向にあります。今後は地域の実情に応じ、今まで国の政省令等に定められてきた基準等を独自に条例で定める動きが活発化する中で、その基準が適正なものであるかどうかを見極めるために、条例の適時性確保は大切な視点です。

　神奈川県では、「条例の見直しに関する要綱」（2008年制定）に基づいて、すべての条例を対象にして、原則5年を経過するごとに条例を制定するときと同様の視点（必要性、有効性、効率性、基本方針適合性、適法性）で見直しを行い、ホームページで公表しています。こうした見直しについては、個々の条例で見直し条項（いわゆるサンセット条項）を置いておくことも考えられます。

　また、静岡県では、「政策法務推進計画」を2008年に策定し、これに基づく実践のひとつとして行政リーガルドックを実践しています。政策法務アドバイザーという有識者が参加して職場の意見を聞きながら問題点を洗い出しており、コンプライアンス（法令遵守）、予防法務、分権改革の視点から点検する仕組みです。また、これは、日常的な事務に即して点検するものであり、執行管理の一環としても注目されます。

　さらに、北海道の「条例の見直しに係る基本方針について」（2008年総務部長決定）に基づく見直し、岸和田市自治基本条例33条の「条例見直し」、横浜市「定期的な条例の見直しの導入について」（2008年）など条例評価の事例は少ないですが、徐々に拡がりが出てきています。

7 自治体の予算ってどのようにつくられるの?

◆自治体の予算編成スケジュール

　ここでは、自治体の予算編成過程について学びます。自治体の予算は、予算作成過程―予算執行過程―決算過程といったサイクルをたどります。これを予算の循環（budget cycle）といいます。

　また、予算作成過程には、自治体内において次年度予算を編成する過程と自治体の長が予算案を議会に提出して、議会において審議・修正・議決される過程があります。

　ここでは、自治体の長が予算案を議会に提出するまでの予算編成過程を中心に学びます。この過程は、自治体の規模によって相違がありますが、神奈川県を例にすると、図表11のとおり、予算編成方針を作成し通知するまでの「マクロ的予算編成過程」と予算編成方針に基づき各部局が見積もった額を査定する「ミクロ的予算編成過程」に大きく分けることができます。

◆マクロ的予算編成過程（トップダウン型政策形成）

　自治体の予算編成過程は、経済状況等を考慮して、関係機関との調整を経た上で、今後の財政収支見通し（翌年度の規模推計、中長期の収支見通し）を行い、予算編成方針を作成します。

　財政収支見通しの作成過程は、歳入面では税収見通し、貸付金の返納、不動産売却収入、地方交付税、国庫支出金、県債の発行などについて、歳出面では経常的経費（維持管理・運営経費）の調整や各部局が見積もった額をそのまま予算化することができる枠配分の算定を行うとともに、人件費（職員数の増減、定期昇給等）、退職手当、公債費、政策

的経費(政策課題、行政システム改革課題等)等について関係部局と調整を行います。

　また、新たな行政課題に対応するために新規事業を予算計上するには、神奈川県のように、自治体の意思決定過程(政策課題調整会議、行政システム改革調整会議、県有施設建築検討会議等)であらかじめ認定(オーソライズ)される必要があります。この認定があって、初めて所要額として算定され、財政収支見通しに反映されます。

　財政収支見通しを行った結果、財源が不足している場合、対象事業を明確化した上でシーリング(限度額)を設定することもあります。

　この財政収支見通しは、財政課が必要なデータを関係部局から入手した上で、翌年度の予算規模の推計(所要額推計)、中長期の収支見通しを行い、次年度の予算編成方針を知事まで説明し、決裁をとるといった財政課中心の内部作業になります。また、財政課から各部局に一方的に通知するトップダウン型の政策形成ということができます。

　さらに、財政収支見通しを作成する段階では、財政課と関係部局との間の水平的調整が行われています。

◆ミクロ的予算編成過程(ボトムアップ型政策形成)

　予算編成方針が各部局に通知されると、各部局は予算見積書を作成し、要求締切日までに財政課に提出します。

　その後、自治体の予算編成過程は、予算主任調整→課長調整→部長審査→知事査定といった段階により調整が行われ、いずれの段階にも職員が参加し、審議されます。

　財政課予算主任は、部局とのヒアリングを通じて必要な情報を入手し、事実関係を整理した上で、やるかやらないか、やるならどうする、やるならいくらかといった視点を中心に論点を整理し、メリット・デメリットを記載したいくつかの査定案を作成した上で、部局の意見及び財政課予算主任の意見(「やれば数字」といわれる調整額を含む)を付けて、課長、部長、知事が短い時間の中で判断できる資料を作成します。

　課長調整、部長審査では、一次、二次と分けて、一次は財政課予算主

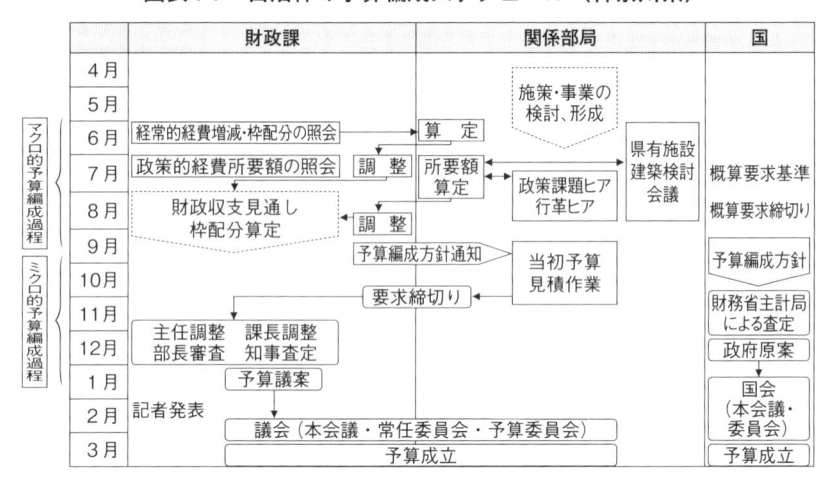

図表11　自治体の予算編成スケジュール（神奈川県）

		財政課	関係部局	国
マクロ的予算編成過程	4月			
	5月		施策・事業の検討、形成	
	6月	経常的経費増減・枠配分の照会 → 算定		概算要求基準
	7月	政策的経費所要額の照会 → 調整 ↔ 所要額算定 ↔ 政策課題ヒア 行革ヒア ／ 県有施設建築検討会議		概算要求締切り
	8月	財政収支見通し 枠配分算定 → 調整		
ミクロ的予算編成過程	9月	予算編成方針通知		予算編成方針
	10月		当初予算見積作業	財務省主計局による査定
	11月	要求締切り		
	12月	主任調整　課長調整 部長審査　知事査定		政府原案
	1月	予算議案		国会（本会議・委員会）
	2月	記者発表 議会（本会議・常任委員会・予算委員会）		
	3月	予算成立		予算成立

任の説明を中心とした内部調整、二次は部局参加型の調整としている自治体もあります。これらの調整は、財政課予算主任を中心とした垂直的調整であり、ボトムアップ型の政策形成ということができます。

　一方で、複数の部局にまたがる横並びの調整が必要な項目（使用料・手数料、市町村・団体への補助金等）については、財政課の一括調整担当者が、各財政課予算主任と調整しながら予算案をとりまとめ、課長調整、部長審査、知事査定の各段階で一括調整を行います。この調整は、一括調整担当者を中心とした水平的調整かつボトムアップ型の政策形成ということができます。

　さらに膨大な事業数（2010年度神奈川県当初予算：3,786事業）の予算編成全体を段階的に把握するため、要求締切りから知事査定までの各段階で全体集計を行い、そのつど集計結果を知事まで報告しています。

◆財政課予算主任の重要な役割

　予算主任は、関係部局等から主体的に必要な情報を入手し、事業の必要性、官民の役割分担、都道府県・市町村の役割分担、事業積算の正当性（費用対効果）といった視点を中心に論点を整理し、いくつかの査定

案を設定し、課長・部長・知事が短時間で判断できる資料を整えます。

また、継続事業については、現在進められている事業の決算状況（執行状況）、監査・会計検査、事業仕分け等を参考にして、審議が行われているのか、社会情勢を反映した見直しがなされているのかといった視点も考慮されています。

この他、各部局からの要求を締め切った段階で、主任、課長、部長、知事のそれぞれの査定結果を全庁レベルで集計し、それぞれの段階の集計結果を知事まで報告するという自治体予算の流れもあります。

さらに、財政課予算主任は、全庁的な多くの情報を持っているため、それらの情報を活用して要求側の各部局の調整を行っています。

◆自治体の予算編成過程の特徴

自治体の予算編成過程は、主に次のような5つの特徴にまとめることができます。

① マクロ的な予算編成過程というトップダウン型の政策形成とミクロ的な予算編成過程というボトムアップ型の政策形成とが結合していく統合過程であり、自治体全体の政策形成過程といえます。

② 要求側と査定側の意見対立があっても、新年度に入る前に予算を議会で審議し可決しなければならないことから、時間的制約を伴います。

③ 公共事業予算をはじめとして、国の予算編成と並行して進むため、国の動向（国庫補助金、地方交付税等）を適時把握し、臨機応変な対応が求められます。

④ 予算議案は、本会議、常任委員会のみならず予算委員会において審議されるため、予算編成過程においても議員との密接な関係が必要とされる過程です。

⑤ 市民に対する説明責任という視点から、大阪府のようにミクロ的予算編成過程の情報提供を積極的に行っている自治体もあります。

8 総合計画はどのようにして決められるの?

◆長期にわたる総合計画の体系

　今回は、単年度予算と違い長期的視点が必要とされる総合計画の策定過程について学びます。総合計画とは、自治体が施策・事業を総合的かつ計画的に展開するため、計画期間を設定し、達成すべき目標とそのための施策・事業を定めた文書であり、福祉・環境などのそれぞれの分野の政策を総合的・体系的に位置付けたものです。

　総合計画の形式は様々ですが、多くの総合計画に共通しているのは、「基本構想―基本計画―実施計画」などの2～3区分に分けて段階的な構成をとっています。

　基本構想は、自治体の将来像や政策の方向性を長期的視点に立って定めるもので、基本計画は、基本構想を実現するために必要な政策や基本的施策を中期的な視点で定めるものであり、実施計画は、基本計画を実現するために必要な具体的な施策や事業を短期的なスパンで定めるものです。

　計画期間は、基本構想・基本計画は10年から25年程度、実施計画については3年から5年程度を設定していることが多いようです。この期間が経過すると定期的にローリング(見直し)をしています。

　環境の変化が著しい今日、従来のような長期の計画期間を定めて総合計画を策定するかどうかは自治体にその判断がゆだねられており、また、25年という計画期間はあまりにも長いので、今後計画期間を見直す必要があります。

　これまで、市町村の基本構想の策定は、地方自治法2条4項により義務付けられてきましたが、2011年の地方自治法改正で、この義務付け

は、撤廃されました。

　地方自治法による義務付けが撤廃された今日、自治体は政策の主体性をより鮮明にするためにも自治体の組織と運営の基本原則を定める自治基本条例などに総合計画を位置付けることが必要です。

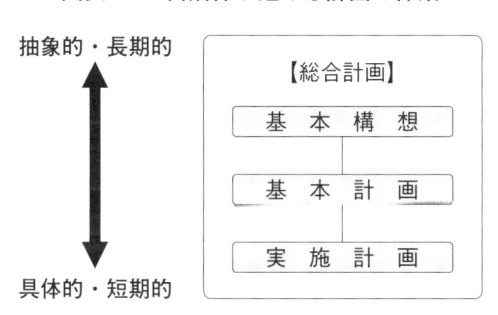

図表12　自治体が定める計画の体系

```
抽象的・長期的
     ↑        ┌─────────────────┐
     │        │    【総合計画】    │
     │        │  ┌───────────┐  │
     │        │  │ 基 本 構 想 │  │
     │        │  ├───────────┤  │
     │        │  │ 基 本 計 画 │  │
     │        │  ├───────────┤  │
     │        │  │ 実 施 計 画 │  │
     │        │  └───────────┘  │
     ↓        └─────────────────┘
具体的・短期的
```

◆総合計画の策定過程をみてみよう！

　総合計画は、図表13のとおり、おおむね①行政過程（内部の検討と調整）、②総合計画審議会での審議、③議会での審議、④外部環境（地域）との関係によって策定されています。

　策定に当たっては企画部局が主たる担当となりますが、全庁的・組織横断的な「総合計画策定会議」を設置して策定するのが一般的です。

① 行政過程では、それぞれの施策を担当する担当部局が資料を収集して素案をつくります。企画部局は将来人口や経済動向を推計し、計画のフレームや体系をつくるとともに、担当部局の素案を調整して原案を作成します。また、原案作成に当たっては、民間コンサルタントなどに調査委託することが多いようです。

② 計画原案については、学識経験者等の専門家により構成される総合計画審議会等で意見交換を行います。幅広い住民代表などを含む懇話会形式に拡大する場合もあります。また、公聴会、住民集会、懇談会などを開催したり、計画案を示して意見提出手続（パブリッ

クコメント）などを行い、住民の意見を反映させます。

図表13　総合計画の策定過程（千葉県八千代市）

計画段階	行政過程	総合計画審議会	議　会	外部環境(地域)との関係
現況調査	市民ニーズの把握 国・県の動向把握 職員参加			市民意識調査・満足度調査 各種市民フォーラム 都市機能分析調査 国・県の広域計画との調整 各種団体からの意見聴取
分析検討	総合計画策定会議設置 　本部会 　幹事会 　部　会 将来フレームの作成			施策モニター 経済動向予測
計画立案 基本構想 立案 　　　　 決定 実施基本計画 立案 　　　　 決定	基本構想の検討 基本構想(案)諮問→ 基本構想(案)の公表 基本構想原案決定 基本・実施計画の検討 基本・実施計画(案)諮問→ 基本・実施計画(案)公表 基本・実施計画原案決定	総合計画審議会設置 ←答申 庁議（部長会議） ←答申 庁議（部長会議）	→基本構想議決	国・県、住民等の意見聴取 (懇話会、公聴会、住民集会等) →パブリックコメント →パブリックコメント
計画決定	総合計画（基本構想・基本計画・実施計画）決定			
計画改定	ローリング（実施計画の見直し）			

（出典）千葉県八千代市ホームページより作成

③　最終的に、総合計画審議会の答申を受けて、議会が審議を行います。市町村の場合、現在は議会の議決を要しますし、義務がなくても議会に報告して実質的に審議を行います。神奈川県は、「神奈川県行政に係る基本的な計画を議会の議決事件として定める条例」を制定し、基本計画等を策定、変更する場合は議決を経ることとしています。

④　総合計画が策定されると、各担当部局が事業を実施することになり、その際、財政支出を必要とする場合は、毎年度の予算編成過程に移り、予算措置した後で事業を実施します。総合計画は、条例

のように法的強制力はなく、予算措置がされないと事業を実施できないので、総合計画がどの程度進ちょくしたか、その進行管理も重要です。

◆総合計画と首長の選挙公約（ローカル・マニフェスト）の連動が大切！

マニフェスト（manifesto）とは、政策目標と具体的な実現方法を示した選挙公約であり、とりわけ自治体選挙で示された場合には「ローカル・マニフェスト」と呼ばれています。

これは、政治家の政策責任を明確にする点で重要な意味を持ちますので、マニフェストの実施を約束して首長になった場合に、マニフェストと総合計画の関係をどう考えるかが問題になります。

5年、10年といった総合計画の計画期間と4年という首長の在職期間のズレのローリング等をうまく活用し、補正・改訂し、首長マニフェストを総合計画にできるだけ反映させることが望ましいといえます。

マニフェストに掲げて首長に就任した以上は、過去に策定した総合計画よりも自らのマニフェストを優先すると考えることもできますし、マニフェストは政治家としての首長が選挙時に有権者に示した公約にすぎないので、改めて総合計画を改訂して行政文書にする必要があると考えることもできます。そして、マニフェストと総合計画は、実施期間も役割も異なりますので、内容に矛盾がない限り、両者が役割を分担しながら補完し合っていくことが大切です。

ただ、選挙にあたって掲げたマニフェストとはいえ、当選後、それを絶対なものとして捉えず、状況の変化を踏まえた上で、改めて議会や住民の意見を十分に聞いて実行していく姿勢が大切です。

9 自治体議会の質問と答弁はどのように行われているの?

これまで条例、予算、総合計画の一連の流れについて学びましたが、本項では神奈川県議会を例にして自治体議会がこれらを議決するに至るまで、どのように質問と答弁が行われるかについて学びます。

◆本会議の質問と答弁調整

本会議での知事に対する代表質問及び一般質問は、自治体全体で全体調整を行う必要があるので、神奈川県では自治体全体の総合調整の部局である総務部財政課（現在は、政策局政策総務課）の（自民党担当、民主党担当、公明党担当等）各会派担当者（以下「総務部会派担当者」とする）と各会派間の質問調整を行う総務部答弁調整担当者（以下「総務部知事答弁調整担当」とする）が中心になって調整が進められます。

（1）質問調整

① 垂直的調整

質問の調整は、総務部会派担当者が県議会開催前に質問を行う予定の議員と接触して、質問候補となる事業の洗い出しから始まります。

その上で、総務部会派担当者は、各部局の議会書記または、事業責任者を集め、勉強会を開催します。各部局の議会書記と事業責任者は、質問候補となっている事業について、各事業の現状と課題、今後の方向性等を議員に説明します。県の公式見解として議会という場で正式な回答を求める内容（例えば、当初予算案の特徴、総合計画策定方針、新規条例の内容等）であるとか、議員選出の選挙区に直接影響がある内容（公共事業の進ちょく内容、市町村支援の内容等）である場合は、議員と各部局の議会書記（事業責任者）との調整・意見交換

により、質問しようとする内容は熟していき、議員自身が期待できそうな答弁が望める質問から確定していくことになります。一方で、この段階で、議会という場で知事から答弁を得る必要がないとか、事業が成熟していないため質問しても期待通りの答弁が得られないなどと議員が判断した場合は、質問候補からはずされていきます。

　総務部会派担当を中心とした調整は、最終的に総務部会派担当が議員の質問内容全体をまとめるために行われるものです。答弁する知事部局としては、議員の質問内容の全容を明らかにしておくことは議会運営を円滑に進める上でも大切な点です。

② 水平的調整

　質問が確定するに近づくにつれて、総務部会派担当者は各会派間の質問調整を行う総務部知事答弁調整担当者に質問項目を伝えます。総務部知事答弁調整担当者は質問する議員の項目一覧を作成し、質問が重複しないかチェックします。同一会期中の議会で質問される内容は、別会派議員のみならず、同一会派の議員に対して県全体を調整する総務部知事答弁調整担当者が行っています。たとえ同一会派でも議会直前の各会派の団会議ではじめて質問内容の概要はオープンにされるため、ほとんどの場合、政治家間での質問調整は行われないのです。

　総務部知事答弁調整担当者が作成した質問項目の一覧表の中で、同一項目の質問（例えば、指定管理者制度の運用）という点が出てきた場合には、項目以外に具体的な質問内容を事前に入手して、質問内容が重複しないように調整を行います。

　質問内容が、重複してしまい、どうしても調整がとれない場合は、質問の視点（切り口）を変えて、知事から答弁されるであろう内容等を説明し、質問の重複を避ける努力がなされます。

　質問調整の仕方は取引ですが、質問したい議員に代替する議員の得意分野で、より先進的な答弁ができるものに差し替えたり、議員選出地域の市町村にメリットとなるような答弁に差し替えたりします。

　答弁の順番で、後方の順番になる議員が妥協せざるをえない場合が多いですが、先方の議員と違う質問をする方が後方の議員にとってメ

第1章　公共政策の基本を知ろう！　49

リットになる点を伝え、後方の議員にそのメリットを理解してもらうように調整することが総務部会派担当者に求められています。質問の水平的調整も総務部会派担当者の力量になっているといえます。質問項目が固まると議員は質問の通告をして質問文書が作成されます。議員が間違えた内容の質問をしてしまってはいけないので、事前に質問文書の内容のチェックを行います。チェックが終わると質問内容は確定します。

（2）答弁調整

答弁の調整は、各部局議会書記が中心になって作成されます。各部局議会書記は、各事業所管課に答弁案の依頼をして作成してもらいます。各事業所管課は、議員の質問数から逆算して答弁時間を想定して答弁案を作成します。各事業所管課が作成する答弁案には、知事に答弁案を理解してもらうために補足する資料を2～3種類添付して作成します。

各所管課の答弁案の内容が固まると各部局議会書記に提出し、所管課長は部局長とともに調整に入り、答弁調整を行います。ここでは限られた時間内に知事に何を答弁してもらうか、また議員が聞きたいことにしっかりと答えているかどうかといった点が調整のポイントになります。

国の答弁調整は、事業担当者が答弁案を作成し、決裁文書を回議して答弁が作成されますが、神奈川県は、所管課段階、部局長段階ともに会議形式で意見交換して作成している点が特徴的です。

さらに各部局長が作成した知事答弁案は、知事室に送られます。知事室には各部局担当がいて議会の代表質問、一般質問の前日の午後から夕方にかけ、知事に対して答弁案の事前説明が行われます。この知事への事前説明のため、知事室各部局担当者は、各部局から出される答弁案に添付されている資料や事業責任者の説明をもとに答弁案の内容を理解し、知事説明のために備えます。知事室各部局担当職員による答弁案の説明により知事が答弁案に納得しない場合は、知事が自ら答弁を書き直すことになります。知事自らが書き直した知事答弁案は総務部議会会派担当者を通じて、各部局議会書記に渡されます。そして、各部局の議会書記は事業責任者に確認した上で、各部局長に渡すことになります。

翌日、職員の間では御前会議？（午前会議？）ともいわれる庁議が開催され、知事・副知事・各部局長が出席して、本会議の知事答弁の最終的な調整が行われます。

　この段階で、会派担当からの再質問の内容が分かっていれば、再質問に対する答弁調整が行われる場合もあるし、再質問する可能性があって内容が分からない場合は再質問の想定問答について調整される場合もあり、議会直前の緊迫した雰囲気がそこにはあるのです。

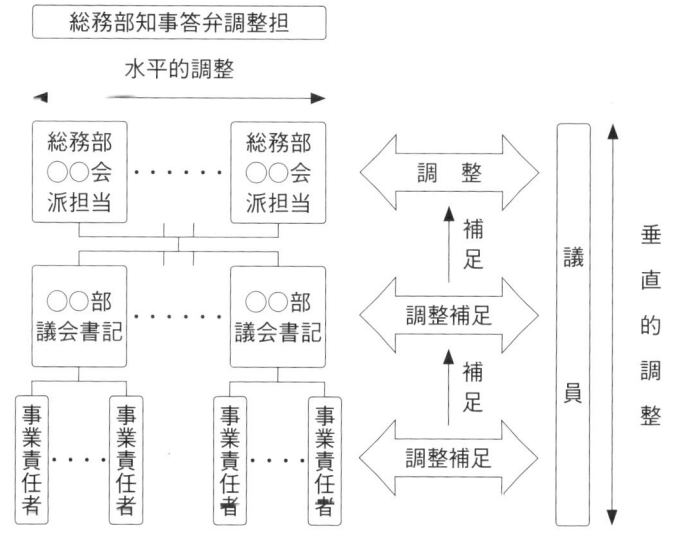

図表14　自治体議会の本会議質問・答弁調整（神奈川県）

```
┌──────────────────┐
│ 総務部知事答弁調整担 │
└──────────────────┘
        水平的調整
   ◄──────────────►
   ┌──────┐   ┌──────┐            ┌──┐
   │総務部│   │総務部│    ⇔調　整  │  │
   │○○会│…│○○会│            │議│  垂
   │派担当│   │派担当│     ↑補足  │  │  直
   └──────┘   └──────┘            │  │  的
   ┌──────┐   ┌──────┐   ⇔調整補足│員│  調
   │○○部│…│○○部│            │  │  整
   │議会書│   │議会書│     ↑補足  │  │
   │記    │   │記    │            │  │
   └──────┘   └──────┘   ⇔調整補足│  │
   ┌──┐┌──┐ ┌──┐┌──┐            └──┘
   │事││事│ │事││事│
   │業││業│ │業││業│
   │責││責│ │責││責│
   │任││任│ │任││任│
   │者││者│ │者││者│
   └──┘└──┘ └──┘└──┘
```

（＊）現在は神奈川県では部制から局制に移行したことに伴い総務部が政策局に変更している。

◆常任委員会での質問・答弁調整

　自治体議会では、本会議において質問と答弁が行われた後で、議員の質問内容を補足し充分に審議したり、関連事項についても審議をするため、委員会に付託して審議内容を充実させています。

（1）質問調整

　自治体議会における常任委員会では、各部局長が筆頭になって答弁責

任者として運営をまかされることになるので、各部局議会書記が質問と答弁の調整を行っています。常任委員会の審議内容により、知事に答弁が求められることもありますが、この場合も各部局議会書記が対応することになります。たとえ複数部局にまたがるものでも、中心となる部局の議会書記が中心となって調整を行います。

　常任委員会の質問調整では、各部局の議会書記が常任委員会で質問を行う議員と接触して、質問候補となる事項を洗い出すことになります。もっとも常任委員会では、付託された議案等を審議するため、本会議で審議された内容を踏まえて、審議内容を深めるという役割を担うことになります。このため、本会議での質問と知事答弁の内容を深めた質問項目から調整されていきます。

　常任委員会でも質問が重複する場合があります。同一事項の質問事項の場合は、事業の総論事項、各論事項、エリア別の事項といったように質問の視点（切り口）を変えて質問調整が行われます。

　質問事項の調整は、各部局議会書記のみならず、各所管課の課長や事業責任者が中心になって各議員と接触し行われます。質問事項の調整結果は、各部局議会書記に集約されます。

（2）答弁調整

　常任委員会では、各部局長や課長が答弁するため、議員と質問事項を調整していく段階で答弁内容を事前に確認しているので、常任委員会を総括する部局長に事前に調整することなく、各所管課は課長を中心に答弁を作成し、常任委員会で答弁する部局長や課長に答弁案を渡しているのが実情です。再質問、想定外の質問に備えて、常任委員会に出される質問に対しては、関連質問と答弁を用意していくのが一般です。

（3）想定問答（手持ち版）の作成

　各所管課は、事前の議会での質問調整以外に、いつ議員から想定外の質問がされてもいいように、仕事内容の項目ごとに想定問答（資料）を作成しています。継続事業は、議会ごとに時点修正しています。新規事業は、新たに想定問答、資料を作成することになっています。

10 指定管理者制度ってどんな制度？

　公共政策をより有効かつ効率的に行うために官と民がパートナーを組んで行うことがあります。本項ではその代表例としてこれまで第三セクターや公共的団体に制限されてきた公の施設の管理を民間事業者まで拡げた指定管理者制度について学びます。

◆指定管理者制度がつくられた背景

　公営の公民館や体育館など公の施設の管理は、その設置主体が自治体であること、公共の利益のために多くの住民に対して均等にサービスを提供する役割を担っていること、使用許可のような公権力の行使にあたる行政処分を行う権能が必要なことなどの特性に照らして、従来、管理受託者は自治体、公共的団体、自治体の出資法人だけに限られてきました。

　しかし、2000年代に入り規制緩和、行政の民営化、行政運営の経営手法の導入、PFI（30頁参照）の積極的な導入が広く求められてきたことから、公の施設の管理のあり方の見直しについてさまざまな提言されました。例えば、総合規制改革会議の中間とりまとめ（2002年7月23日）及び地方分権推進会議の「事務・事業の在り方に関する意見」等がその必要性が強調され、さらに、片山虎之助総務大臣（当時）が経済財政諮問会議に提出した「総務省　制度・政策改革ビジョン（同年8月28日）」の中で、制度の見直しが約束されました。

　このような提言を踏まえ、2003年6月に地方自治法が改正され、地方行政改革の一環として国にはない自治体特有の指定管理者制度が積極的に盛り込まれました。

　これにより、「公の施設」の管理は、従来の管理委託制度が廃止され、

第1章　公共政策の基本を知ろう！

新たに指定管理者による管理代行（地方自治法244条の2・3項）又は自治体による直営管理（一部業務委託を含む）のいずれかにより行われることになりました。（図表15・図表16参照）

図表15　自治体の施設と公の施設

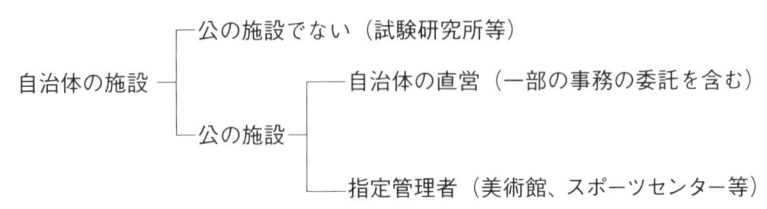

```
                  ┌─ 公の施設でない（試験研究所等）
自治体の施設 ─────┤
                  │              ┌─ 自治体の直営（一部の事務の委託を含む）
                  └─ 公の施設 ───┤
                                 └─ 指定管理者（美術館、スポーツセンター等）
```

（＊）公の施設：住民の福祉を増進する目的をもって、その利用に供するために自治体が設ける施設（地方自治法244条1項）

図表16　管理委託制度と指定管理者制度との比較

	指定管理者制度 ＜改正後＞	管理委託制度 ＜改正前＞
管理運営主体（施設の管理運営を委ねる相手方）	・民間事業者を含む幅広い団体（法人格は不要、但し、個人を除く） ・議会の議決を経て指定	・公共団体（土地改良区等）、公共的団体（農協、生協、自治会等）、出資団体等に限定 ・相手方を条例で規定
権限と業務の範囲	・施設の管理に関する権限を指定管理者に委任して行わせるものであり、施設の使用許可も行うことができる。 ・設置者たる地方公共団体は、管理権限の行使を行わず、設置者としての責任を果たす立場から必要に応じて指示等を行う。	・施設の設置者たる地方公共団体との契約に基づき、具体的な管理の事務又は業務の執行を行う。 ・施設の管理権限及び責任は、設置者たる地方公共団体が引き続き有し、施設の使用許可権限は委託できない。
条例の規定内容	指定管理者の指定の手続き、指定管理者が行う管理の基準及び業務の範囲を規定	委託の条件、相手方等を規定
法的性質	・指定（行政処分） ・管理運営の細目等については、協定により規定	委託契約

◆指定管理者になれる主体の範囲

　指定管理者制度の創設により、公共団体（土地改良区等）、公共的団体（農協、自治会等）、地方公共団体の出資法人など従来管理してきた団体に加え、株式会社、NPO法人、ボランティア団体などの民間事業者も指定管理者として公の施設の管理運営を行えるようになりました。

　総務省が行った『公の施設の指定管理者制度の導入状況等に関する調査結果（2012年4月1日現在）』（以下、「総務省調査（2012年）」とする。）によると約3割の施設で民間企業等（株式会社、NPO法人、学校法人、医療法人等）が指定管理者として管理を行っています。

（＊）総務省調査は、http://www.soumu.go.jp/main_content/000189434.pdf
　　（2013年1月7日確認）に掲載されていますので参照してください。

◆指定管理期間はどれくらいか？

　改正地方自治法では、指定管理期間については、指定管理者による管理が適切に行われているかどうか、自治体が定期的に見直す機会を設けるため、期間を定めて指定することにしています。

　民間事業者の新規参入機会の拡大という点では短期が望ましいといえますし、公共サービスの提供や指定管理者の事業投資効果を考慮すれば長期が望ましいともいうことができます。

　総務省調査（2012年）によると、指定期間は長期化の傾向が窺え、「前回の指定期間よりも長い」施設が約3割あるという結果です。また、指定管理期間は3年から5年が約88％という結果になっており、長期化の傾向にあるものの3年から5年が一般的になってきたようです。

◆指定管理者の管理権限とは？

　指定管理者は、公の施設の設置者から広範な管理権の委任を受けて、施設設置者に代わって管理やサービスを代行することになります。

　また、従来は認められなかった行政処分の性格をもつ使用許可を行うことができるようになりました。例えば、都市公園の指定管理者の業務

内容（31頁参照）を見てみると、植物管理・工作物管理・清掃などの公園施設の維持管理、広報・催事の実施などの運営管理、物品を販売したり、展示会、集会等を開催するため、都市公園の全部又は一部を独占して使用することを認める行為許可といった法的管理も可能になりました。しかし、使用料の強制徴収権、行政財産の目的外使用など法令上、自治体の長のみが行使できる権限は指定管理者に委ねられていません。

◆指定管理者の選定方法

（1）指定管理者の選考の概要

　指定管理者の選定については、①公募による選定、②従前の管理委託者を選定、③公募によることなく選定（随意契約等）による方法が考えられますが、民間事業者の新規参入機会の拡大という視点から公募による選定を行うことが望ましいとされます。総務省調査（2012年）によると、公募は、都道府県、指定都市の約6割、市区町村の約4割で実施という結果になっています。これは、前回の2009年調査よりわずかに増加しているもののほぼ同様な結果になっています。

　なお、都市公園のように1つの自治体に複数あるような施設（神奈川県では25の都市公園）は、全ての施設に指定管理者制度を導入するのではなく、自治体として施設管理技術の専門性を維持し、指定管理施設のモニタリング（監視等）を適切に行うため、いくつかの公園を直営公園として残すことも考えられます。

（2）指定管理者の選定手続（公募手続の場合）

　この制度を導入する場合、公の施設の設置や管理に関する事項（審査基準等）を条例で定める必要があります。その後、指定管理者候補者の選定に移りますが、ここでは公募による選定を例にして説明します。

　公募で行う場合は、まずは自治体が募集要項を作成します。募集要項には、施設の概要、申請資格、申請の手続、申請のための書類、選定方法、指定管理者の行う業務、自治体と指定管理者との業務区分、リスク分担、モニタリングの内容、指定の取り消し条件、応募書類の様式などを記載しておきます。

次に募集説明会・現地説明会等を行った上で、質問事項の受付とそれへの回答を通じて、現在管理している団体と新しい応募者間の情報の格差を解消する必要があります。

その後、応募団体から提案書類を提出してもらい、選考委員会が中心となって審査を行います。審査方法は、書類審査、ヒアリングによる審査などが行われます。選考委員会は、専門家だけで行う場合、職員だけで行う場合、専門家と職員で行う場合があります。

また、選考委員会の審査基準は、「利用者サービスの向上と経費節減」という指定管理者制度導入の目的が反映されることになりますが、経費節減を余りにも強調し過ぎると、応募者は、よりよい事業を提案する必要があるため、事業費ではコストダウンできないので、人件費のカットを助長することにつながります。人件費のカットは、職員の非常勤化によるコスト削減（官製ワーキングプアの創出）にもつながり、大きな社会問題になる可能性もありますので注意する必要があります。

選考委員会の結果を踏まえ、議会の議決を受けて、指定管理者の指定がなされます。その後、自治体と指定管理者との間で具体的な管理内容について基本協定書・年度協定書の締結などが行われます。現在管理している団体と新たに選考された団体が異なる場合は、業務の引き継ぎが行われます。業務の引き継ぎの中には、施設の老朽化など負の財産を引き継ぐ場合があり、PFIと異なる点です。指定・引き継ぎが終了すると、指定管理者による管理が開始されます。

◆公共性の確保に向けた仕組み

（1）地方自治法の規定

公の施設の管理を指定管理者に委ねるとしても、「公の施設」は、自治体が設置したものなので、その公共性を担保し、公の施設の管理の適正を期す必要があります。自治体の長は、指定管理者に対して当該管理の業務又は経理の状況に関して報告を求め、現地調査を行い、必要な指示ができるようにしました。また、指定管理者が指示に従わない時や指定管理者による管理を継続することが適当でない場合、指定を取り消

し、または、業務停止命令をすることを認めました。（地方自治法244条の2・10項及び11項）

　また、指定管理者の管理業務について、監査委員による監査、包括・個別外部監査人による監査の対象としました。（地方自治法199条7項、252条の37・4項、252条の42・1項）

（2）神奈川県のモニタリングの概要

　神奈川県では、指定管理者による施設の管理運営が適切に行われるように「神奈川県のモニタリングの概要」（図表17）のとおり、県が施設設置者として指定管理者の業務の実施状況を継続的に監視（モニタリング）しています。

　指定管理者は、業務日報・月例業務報告書の作成、利用者満足度調査による報告書の作成、実績報告書（事業実績報告・収支報告）等の作成、苦情・意見への対応などを行い、施設設置者である神奈川県に報告することにしています。

　モニタリングの結果、指定管理業務が適切に行われていないことが確認された場合や実施困難と見込まれる場合、神奈川県は具体的な取り組みを示した「改善勧告書」により改善勧告をすることにしています。業務の改善勧告を受けた指定管理者は、改善に向けた具体的な取組みやスケジュール等を記載した「改善計画書」を作成することになります。

　その後、もし指定管理者がなおもその「改善計画書」に沿って業務の改善が行わなかったと神奈川県が判断した場合は、改善の指示を行うことができるとしています。さらに、指示に従わなかった場合は、指示の取り消し又は期間を定めて指定管理業務の全部又は一部の停止を命じる仕組みになっています。

（3）モニタリングの課題・評価の必要性

　以上のような神奈川県のモニタリングの課題として以下の点を挙げることができます。

　① 専門的視点の必要性

　　神奈川県が指定管理者制度を導入している施設は、福祉施設、診療所、住宅、都市公園など様々な施設があり、施設ごとに目的や特性が

図表17　神奈川県のモニタリング概要

```
┌─────────────────────────┐  ┌─────────────────────────────────┐
│ 定期（月例）モニタリング │  │ 利用者満足度調査によるモニタリング │
│ ○指定管理者から提出される月例業│  │ ○指定管理者による利用者満足度調査の実施、│
│　務報告書（及び業務日報）による│  │　調査報告書の作成・県への提出　　│
│　確認・確認結果の通知　　　　│  └─────────────────────────────────┘
└─────────────────────────┘  ┌─────────────────────────────────┐
                              │ 苦情対応によるモニタリング　　　│
┌─────────────────────────┐  │ ○施設利用者から寄せられる苦情・意見等に対│
│ 随時モニタリング　　　　　　│  │　する対応　　　　　　　　　　　│
│ ○定期（月例）モニタリング等で確│  │ ○対応結果に基づく仕様書、事業計画への改善│
│　認できない場合等における施設へ│  │　内容の反映　　　　　　　　　　│
│　の立入調査・関係帳簿類の確認 │  └─────────────────────────────────┘
└─────────────────────────┘  ┌─────────────────────────────────┐
                              │ 実績報告によるモニタリング　　　│
                              │ ○指定管理者による実績報告書等の作成・県へ│
                              │　の提出　　　　　　　　　　　　│
                              │ ○年間の実施状況の確認・確認結果│
                              └─────────────────────────────────┘
```

〈モニタリング結果により、改善が必要と認められる場合の対応〉

```
┌─────────────────────┐     ┌───────────────────────────┐
│　　　改 善 勧 告　　　│     │全庁的視点によるチェック機能│
│○「改善勧告書」による勧告│     ├───────────────────────────┤
│○指定管理者が作成する「改善計画書」│ │行政システム改革調整会議（各│
│　の承認　　　　　　　│     │部局のモニタリング結果等を必│
└─────────────────────┘     │要に応じて全庁的視点で確認）│
         ↓ 改善されない場合       └───────────────────────────┘
┌─────────────────────┐            ↑
│　　　指　　　示　　　│   助言等   ┌───────────────────────────┐
└─────────────────────┘            │指定管理者制度モニタリング会議│
         ↓ 指示に従わない場合       └───────────────────────────┘
┌──────────────────────────────────────────┐
│　　　指定の取消し、業務停止命令　　　　　　│
│○条例に基づく指定の取消し、指定管理業務の全部若しくは一部停止命令│
└──────────────────────────────────────────┘
```

（出典）神奈川県資料を一部修正

異なるので、抱えている課題や評価の視点も異なってきます。このモニタリング会議は、法学部教授、弁護士、公認会計士、新聞社論説主幹、公募委員の5人で構成されており、これでは施設ごとに専門的な助言を行うことは難しい状況です。施設ごとに専門家からの具体的な確認・評価ができる体制が必要です。

② 新規事業の評価の必要性

　指定管理者の取組み状況については指定管理者の選定時に提出された提案内容に対して指定管理者が実績内容を記載することになってい

ます。この提案内容の達成度については、あくまでも履行確認を行っているにすぎず、公表されていません。このため、新たな事業を創出し、より良い施設管理を目指そうという指定管理者のインセンティブを生みだす評価システムの構築が望まれます。

③ 指定管理者とのコミュニケーションの必要性

モニタリング会議での審議は、指定管理者が作成した報告書による一方的な情報によるため客観性に欠けます。

施設の管理運営状況については、指定管理者からの情報をそのまま受け入れるのではなく、モニタリング会議の委員が直接、指定管理者から業務報告の説明を受けたり、現地調査をするなど指定管理者とのコミュニケーションをとることを通じて客観的な現状把握に努め、状況の確認・評価に努めるべきです。

◆自治体・指定管理者・第三者による指定管理業務の評価

（1）履行状況の確認

指定管理業務を評価する前提として、まずは提案通り管理がなされ、施設として品質が十分に確保されているかを確認する必要があります。

このため、地方自治法244条の2・10項に規定されているモニタリングを行う必要がありますが、指定管理者制度は民間のノウハウを活用するといった点から指定管理業務に対する自主性を尊重するという前提がありますので、報告書作成等によるモニタリング業務に伴う指定管理者の負担は必要最小限度にしなければなりません。

一方、履行確認は、毎年度末に提出される実績報告書に基づき、年に1回は必ず行う必要があります。また、指定管理期間は複数年にまたがるため、履行状況が最終年に偏らないように、提案内容をいつ実施するか、県が行程表等を用いてしっかりと確認する必要があります。

（2）自己評価

横浜市のように自己評価を自治体の第三者評価のサイクルの中に組み込むことも考えられますが、評価の客観性を担保するためには、自治体は、指定管理者が行う自己評価とは別に評価システムを構築すべきで

す。ただ、同じ評価シートを用いて同一土俵で意見交換するなど評価業務の簡素化に向けた工夫は大切になります。（図表18参照）

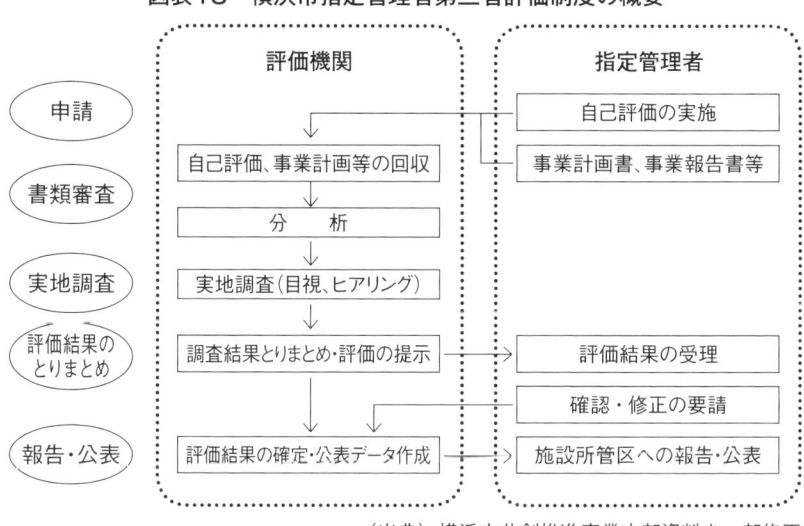

図表18　横浜市指定管理者第三者評価制度の概要

	評価機関	指定管理者
申請		自己評価の実施
書類審査	自己評価、事業計画等の回収 ←	事業計画書、事業報告書等
	分　析	
実地調査	実地調査（目視、ヒアリング）	
評価結果のとりまとめ	調査結果とりまとめ・評価の提示 →	評価結果の受理
	←	確認・修正の要請
報告・公表	評価結果の確定・公表データ作成 →	施設所管区への報告・公表

（出典）横浜市共創推進事業本部資料を一部修正

（3）評価手法

　評価する施設の態様に応じた適切な評価を実施しているかという視点が重要になります。都市公園のように性能発注的な要素の強い管理が必要な施設は、何回除草を行ったかが大切でなく、いかに快適な空間が作られているかが大切であり、特定の「ものさし」によって数値比較するいわゆる「定量的な評価」に加え、ありのままの姿を評価しようとするいわゆる「定性的な評価」が重要になってきます。指定管理業務の目標達成度を得点化することに加え、業務状況を的確にコメントすることで新たな事業を評価し、業務の質の向上を図るべきです。

（4）評価者

　評価対象である行政活動に最も精通し、情報量を有している行政内部の職員も考えられますが、評価の専門性・客観性を担保するためにも外部の第三者が評価するのが望ましいといえます。また、評価者には、施

設をよく利用している者、施設管理運営の有資格者、第三者評価機関（例として横浜市指定管理者第三者評価制度等が挙げられます。）なども考えられますが、指定管理者選考時点と事業実施時点とを比較する必要がありますので、指定管理者の提案内容を熟知している選考委員が行うことも検討すべきです。

（5）評価基準

適法性、有効性、効率性といった評価基準の視点は大切ですが、指定管理業務の場合、施設の公共性を担保するためにも、「施設の公益性や設置目的と適合しているかどうか」「外部環境にいかに適切に対応したか」といった視点が重要です。また、評価基準は、横浜市のように施設を基本的に同じ評価基準（施設・設備の維持管理、運営業務及びサービスの質の向上、地域及び地域住民との連携、収支状況等）で評価し、施設ごとに相対的に比較することも大切です。さらに、評価項目・配点等について客観性・透明性が確保されることも必要です。

（6）評価結果の公表

評価については、結果を得点化し、管理状況にコメントをつけた評価結果をホームページ等で公開することで、指定管理業務の質の向上が図られます。また、評価を公表することで、指定管理者業務のＣＳＲ（Corporate Social Responsibility：企業の社会的な責任）を果たすことにつながることが期待できます。

◆制度を活かすための今後の課題とその対応

（1）評価・モニタリングコストの考え方

指定管理者制度は「利用者サービスの向上と経費節減」を目的にしていますが、経費節減という場合に、単に指定管理者の提案事業に伴う提案額、いわゆる事業費だけを対象として経費節減の対象とするのではなく、指定管理者の選定やモニタリング、評価に係るコストも合わせて考慮する必要があります。

さらに、施設のことを熟知している外郭団体に任せていた管理委託時代と異なり、選定された指定管理者による業務を自治体が監視するため

に業務量が増加することに着目する必要があります。

（2）新しい事業を創出する「場」としてのモニタリング・評価

　管理委託時代は、自治体が業務委託内容を決定し、外郭団体がその内容に沿って間違いなく行うことに精力が注がれてきたと思います。一方、指定管理者制度の導入により、事業を実施する指定管理者が自ら業務内容を提案することで指定管理者の職員の士気が高まったのではないかと思います。

　モニタリング・評価は、単に間違いなく業務が行われているかをチェックする場、いわゆる管理・監督の「場」としてとらえるのではなく、自治体と指定管理者が緊張感を持ったコミュニケーションをとることで、新たな施策を創出する「場」として位置づけることが望まれます。

（3）評価の反映

　評価・モニタリングの結果を次期指定管理者制度の選考過程に反映させることで、指定管理業務の充実が図られることが望まれます。例えば、指定管理期間は、設備投資、人材確保（安定雇用、人材育成）などの関係も考慮すると、3年間から5年間では難しいので、指定管理期間を10年間とし、中間段階で評価を行い、優良指定管理者以外は、途中で再応募再指定の手続きを踏むような運用も考えられます。また、評価の結果、優良の指定管理者は自動更新できるような運用も考えられます。

　指定管理者制度の目的である民間企業に新規参入の機会を与えるといった点を十分に考慮し、指定管理者の選定基準などを含めた選考方法の見直しに評価を反映させる必要があります。

（4）業務のための評価

　評価・モニタリングを行う目的は、適正な事業、よりよい事業を行うためであり、評価したことに満足する「評価のための評価」であってはならないのです。このためには業務を行っている指定管理者にとって書類作成等で負担にならないような評価業務の簡素化、効率化が求められます。

第2章

基礎理論と
実際をみてみよう！

11 公共政策の理論を知ろう！

　公共政策の形成・分析はどうあるべきか、を考える上で公共政策学における様々な理論が実際の政策形成に寄与することがあります。

　そこで、本章のはじめに政策形成における代表的な理論を簡潔に紹介し、実際の公共政策にどう生かすことができるか検討します。

◆公共政策の理論とは？

　公共政策はどのように決定されるのでしょうか。米国の政治学者ラスウェルによると、政策学（policy sciences）とは、『公共的および市民的秩序の意思決定プロセスについて（of）およびそのプロセスにおける（in）知識に関わるもの』と位置付けています。ここで、政策プロセスについての知識（ofの知識）とは、政策がいかに決定され形成され実行に移されるかについての体系的・経験的な研究をいい、政策プロセスにおける知識（inの知識）とは、現実の政策決定において動員させる利用可能な知識のストックであるとします。（秋吉・伊藤・北山（2010）19-21頁）

　この「ofの知識」を政策の「過程」に関する研究、「inの知識」を政策の「内容」に関する研究と置き換えることができます。この二分法により、政策形成の理論を概観します。（宮川（1994）143～174頁）

◆政策の「過程」に関する理論（記述的モデル）

（1）グループ理論（プルーラリズム・モデル）

　グループ理論によると、公共政策は、多様なグループ間の相互作用と闘争の産物であると定義します。共通の利害を持った個人は、公式・非公式に団結し、自分たちの要求の充足に迫るとします。グループは、政

治における個人と政府を橋渡しするものであり、政治は公共政策に影響を与えようとするグループ間の闘争であるとします。この理論は、多元的民主主義の政策過程の一面をとらえたものといえます。

（2）エリート理論（エリーティスト・モデル）

この理論では、公共政策は、少数の統治するエリートの価値や選好を反映したものと考えます。民主主義社会においては、大衆は政策に無関心であり、情報も不足しているため、エリートが大衆の意見（世論）を形成しているのが現実だとし、政策の方向はエリートから行政官僚を経て大衆へ下されているものとします。しかし、この理論のとおり、重要な政策決定について常に自己の利益を優先させることができる少数の個人グループが存在しているかどうか疑問です。

（3）プロセスモデル

政策決定プロセス及び政策決定行動に焦点を当てて、政策決定プロセスの諸段階を分析区分できるいくつかの行動パターンのつながりとしてとらえています。段階的活動カテゴリーについては、「政策課題の確認→アジェンダ設定→政策提案の立案→政策提案の採択→政策の実施→政策の評価」という段階区分です。

この理論については、政策プロセスと政策内容とは必ずしも独立でなく、相互に影響しあうことがあることに無関心である点やこのような段階区分は明確にできないという点が問題視されていますが、分析モデルとしては有用です。

（4）ゴミ箱モデル

この理論では、組織の意思決定はきちんと整理されたプロセスの中で行うのではなく、いろいろな問題と解決案とが乱雑にごちゃまぜになっていれられたゴミ箱（garbage can）のような無秩序の中で選択するようなものと考えます。

ゴミ箱モデルの基本は、組織を「組織化された無秩序」（organaized anarchy）と考え、不明確な選好、明らかでない技術、及び流動的な参加といった3つの一般的性質を持つとします。

政策のプロセスでは、人々は一般に自らの選好を正確に定義しない

し、組織のメンバーも組織のことを理解しないで発言します。また、メンバーは問題によって意思決定に参加したり、参加しなかったりするから、組織の境界は流動的です。こうした解決案と問題の結び付き、参加者間の相互作用、解決案・問題・参加者の偶然的ないし意図的な不在などが政策決定に重要な影響を与えるとします。このモデルは、現実的なモデルとして説得力を持っているといえます。

（5）システム論モデル

　公共政策を政治システムのアウトプットと考えます。一般にシステムとは、何らかのインプットを変換し、あるアウトプットを生み出すものです。政治システムは、国民からの要求や指示をインプットとして取り入れ、システムの中でそれらの対立を調停し、政策というアウトプットを生み出します。そして政策は、環境及びそれから生じた要求に影響を与え、フィードバックされて再び政治システムの性格に影響を与えます。このモデルは、政策過程をこうした循環過程として説明するもので、他のさまざまなモデルの特徴を統合したモデルということができます。

◆政策の「内容」に関する理論（規範的モデル）

（1）合理性決定モデル

　このモデルは、政策決定における合理性、すなわち政策目標の効率的達成を追求するものです。ここでいう「効率的」な政策とは、政策が達成する価値（便益：benefit）がそのために犠牲にされる価値（費用：cost）を上回り、両者の比率（費用便益比率［B/C］）が他のいかなる政策代替案よりも大きい政策をいいます。

　このモデルについては、（イ）社会全体が合意しているような政策価値が存在しない、（ロ）対立する価値の相互比較は不可能である、（ハ）実際の政策決定者は効率の最大化の達成前に満足できる段階で探求をやめてしまう、等の問題点が指摘されていますが、理想型、現実型なモデルを構築する際の出発点として重要な考え方です。

（2）増分主義モデル（インクリメンタル・モデル）

　公共政策を基本的に過去の政策の延長としてとらえ、その修正は付加的、増分的なものにとどまると考えます。政策決定者が、あらゆる政策案を考慮に入れ、費用便益比率等によって代替案を順序づけ、最善のものを選択するようなことは、政治的制約からも情報、時間、コストからも無理です。このモデルのとおり現実には、一般に既存の政策プログラムの正当性を容認し、その継続の案に同意し、それからの増分的変化しか考えないし、そうした逐次的制限的な方法（branch method）をとることは、それなりの合理性があります。

　このモデルは、政策決定の実際を記述するモデルとしては現実性が高いのですが、規範モデルとしてはあまりにも保守的であると思います。

（3）満足化モデル（サイモン・モデル）

　合理性モデルを出発点としつつ、実際の意思決定は最適な政策案（効率的な政策）をどこまでも追求するのではなく、ある程度満足できる段階に至れば探求をやめて決定に至るのであり、それでやむをえないと考えます。政策問題は複雑であり、すべての可能な政策代替案やその効果について、あらゆる情報を収集することは不可能ですし、また、政策に関する諸科学も、政策案の費用・便益を予測しうるほど進んでいないからです。

　このモデルは、現実の政策決定をよく表現しているものの、「満足」の内容や水準は様々であり、規範モデルとしての有効性は乏しいように思われます。

（4）公共選択論モデル

　あらゆる政治的行動主体は、市場におけるのと同様、政治の場においても自己の個人的利益を最大化しようとして行動し、政策決定するものと仮定します。そしてそのように利己的動機から行動した結果、人々の間の合意、契約により、自らの福祉を高めることができる、すなわち集合的政治的意思決定によって相互に利益を受けることができるとします。

　このモデルは、世論の分布状況から政策選択の傾向を分析することが

報告されたり、国民の選好に関する情報がない状況では、政府は政策の便益を過大に見積もり、費用を過少に見積もる政治の失敗の危険性を伴うといった分析が報告されています。

(5) ゲーム理論モデル

2人以上の参加者が行動選択を行い、その結果が参加者の行う選択のいかんに依存するような状況における合理的意思決定を研究するものです。このモデルは、最善の結果が他者の意思決定にも依存するという意味で、最善の選択が独立に存在しないような状況下での政策決定に適用されます。

例えば、2つの車がすれ違おうとするときに、両者がとりうる選択肢は直進するか、道を譲って避けるかです。両者が直進して衝突すれば大怪我は避けられません。かといって道を譲った者は弱虫という不名誉を被ります。行為者は相手の取り得る代替案を考えた上で自ら最適な価値（ペイオフ）を達成すべく意思決定しようとしますが、その際の「戦略」を検討しようとするのがこのモデルです。

このモデルは、実際には相手方のペイオフを正確に知りえないこと等から現実の意思決定の指針とはなりにくいのですが、対立的状況における政策決定分析では有用な考え方を提供するといわれています。

(6) 制度論モデル

政府の諸機関の公式的及び法的側面、すなわち公式組織、法的権限、手続き的規則、機能、活動、機関間の関係に注目し、公共政策は、こうした広義の「制度」によって決められるものだとします。すなわち、公共政策は、政府諸機関の活動の制度的アウトプットであると考えます。

公共政策も制度も、社会的、経済的、政治的な環境要因の影響を強く受けますので、それらの間の関係を十分に研究しないで、制度構造の変化がそのまま政策の変化をもたらすと考えるべきでないということを指摘することができます。

12 国と地方の政府間関係ってどんな関係？

　自治体の政策形成においては、国との関係性を重視せざるをえない場合が多々あります。ここでは、その関係性を理解するために国と地方の関係を分析するモデルについて学ぶことにします。

◆辻清明の地方自治論

　東京大学の行政学者であった辻清明は、地方自治について「近代型」と「日本型」という概念を導入して、両者を対置しています。(辻(1976)参照) ここでいう「近代型」地方自治とは、中央が権力でなく知識によって機能的、立法的に統制する地方自治のタイプであり、イギリスの地方自治をモデルとしたものといえます。

　これに対して、「日本型」地方自治は、地方分権一括法が施行される以前に存在した機関委任事務、補助金行政等にみられるように、官僚的拘束の残存する後見的自治と見ているといえます。戦前の前近代性が戦後においても引き継がれていると見ており、「戦前戦後の連続論」と位置付けることが可能です。

　辻清明は法制度そのものの集中性を指摘しているのではなく、政治・行政の実態に着目し、法制度が改革されたにもかかわらず、集権的な政治構造が変わっていないことが問題であるとします。

◆天川晃モデル

　横浜国立大学の行政学者であった天川晃は、「変革の構想─道州制論の文脈」(天川(1986)参照)の中で、従来から中央地方関係を位置づける際によく使われている「集権─分権」という分析軸に加えて、「融合─

第2章　基礎理論と実際をみてみよう！

分離」の分析軸を示しました。
（1）「集権─分権」の軸
　「集権─分権」の横軸は、行政資源（人員、権限、財源、情報等）に関する意思決定の所在に関する軸です。
　「集権（centralization）」とは、自治体に対して行政資源の配分に関する意思決定権を中央政府が多く持ち、自治体への影響力を多く行使できることです。
　一方、「分権（de-centralization）」とは、自治体が行政資源の配分に関して決定権を多く持っていることで、地域住民とその代表機関の自立的意思決定の範囲を拡大することです。

（2）「融合─分離」の軸
　「融合─分離」の縦軸は、地方において中央政府の機能をどこが担うかという問題です。（図表19参照）
　「分離（separate）」とは、行政サービスの提供に関する中央と地方の役割分担が明確に分かれていること。例えば、地域の行政サービスであっても、中央に関する権限に属する事項は、中央政府が自ら分担し、直接執行する仕組みであり、地方は限定列挙された事項に関する権限しか持ちません。米国のようなアングロ・サクソン型国家の特徴であり、国の事務は全て出先機関で処理されます。自治体は法律で明確に授権された事務しか行うことができない制限列挙方式などが該当します。
　「融合（fusion）」とは、地方政府がその固有の機能と合わせて中央政府の機能も担い、総合的に分担する仕組みです。この仕組みにおいては、中央政府が事務の執行において広範に関与する仕組みになっており、自治体の権限の概括授権方式などが該当するヨーロッパ大陸型国家の特徴です。

（3）「集権─分権」の軸と「融合─分離」の軸の組み合わせ
　「集権─分権」の横軸と「融合─分離」の縦軸を組み合わせると集権・融合型、分権・融合型、集権・分離型、分権・分離型の4類型が導き出されます。この天川晃モデルは、占領期の地方制度改革の方向性をモデルとして示したものです。

天川晃の分析によると、連合国総司令部は、アメリカと同様の分離・分権型を構想したのに対して、内務省は戦前同様の集権・融合型、内務省以外の他省庁は地方に対する不信から集権・分離型を主張しました。

　このような対立から、戦後日本の中央地方関係は、集権・融合型から分権・融合型に変化してきたというのが、天川晃の分析です。

図表19　集権・融合型と分権・分離型の背景と特徴

類　型	背　景	特　徴
集権・融合型（ヨーロッパ型）	国家統一の過程で地域勢力の抵抗が強く、地方への不信感が強かった	・国が強大な権限（警察や公教育を含む）を持つ。府県は国の下部機関 ・内務省の監督下、府県知事が国の総合出先機関として機能する。市町村は広範な事務を処理しうる（概括授権方式）
分権・分離型（アングロ・サクソン型）	国家統一の過程で地方勢力の抵抗が弱く、地方への信頼感があった	・市町村は完全自治体とされ、警察や公教育の権限も持つ。府県は早くから自治権が付与された ・国の事務は全て出先機関で処理される。自治体は法律で明確に授権された事務しか行うことができない（制限列挙方式）

図表20　地方自治の類型

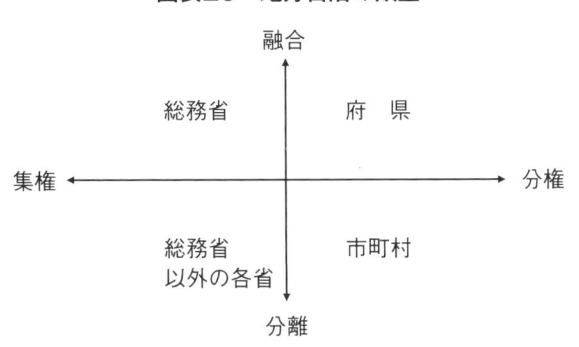

```
                    融合
                     ↑
         総務省    │    府　県
                     │
   集権 ←─────────┼─────────→ 分権
                     │
         総務省    │    市町村
         以外の各省 │
                     ↓
                    分離
```

現在の地方自治においては、総務省とそれ以外の各省との関係は、内務省時代と同様の志向をしているということができ、市町村は分権・分離型を志向し、府県は分権・融合型を志向しているようにいうことができます。（図表20参照）

◆R.A.W.ローズ「相互依存関係モデル」

英国の政治学者R.A.W.ローズは、組織と組織の関係は、権限や権力によって決まるのではなく、それぞれの有する「資源（resource）」によって規定されるとし、双方が異なる資源を有する以上、両者の関係は程度の差があるとしても相互依存関係にならざるをえないと定義します。

そして、このことは、中央地方の政府間にも基本的に妥当します。とくに福祉国家化が進んでいる現代国家は、政策の執行を地方政府に委ねざるを得なくなるので、その政府間関係は、より相互依存的になっていると主張するのです。例えば、中央政府の福祉政策を実施するには人員が必要であり、自治体に依存せざるをえません。一方、自治体も福祉・環境等の住民の行政需要に応えるため、中央政府からの補助金という財源に依存せざるを得ません。そこでローズは、次の５つの命題・資源仮説を提示しています。

① あらゆる組織は「資源（resource）」（法的資源、財政的資源、政治的資源（正統性）、組織資源、情報資源等）によって規定されるとし、国・地方双方が異なる資源を有する以上、両者の関係は相互依存的になります。
② 国・地方それぞれの活動の目標達成のために、国・地方の各組織は資源を交換します。
③ 国・地方の組織間で優位な同盟を形成する組織は大きな裁量を持ち、その同盟の評価体系が組織間関係に影響します。
④ 国・地方の優位な同盟は、既知の「ゲームのルール」の枠内で戦略を展開します。
⑤ ゲームのルール、資源の交換過程、資源の配分状況が各組織の潜在

力を決定し、それが組織の目的とあいまって裁量の幅を決定します。

この議論によれば、現代国家では、中央政府は法的資源・財政的資源に優れていますが、地方政府は、政治的資源・組織資源・情報資源に優れているので、相互に依存する関係にあると考えられます。これは説得力のある議論であるといえます。

◆村松岐夫の政府間関係論

京都大学の行政学者であった村松岐夫は、R. A. W. ローズの「相互依存関係モデル」を受け入れて、日本に当てはめようとしました。わが国における中央地方関係にこの相互依存モデルをあてはめるには、中央政府と地方政府の行政的結びつきのみならず、政治的な結びつきを重視しています。(村松 (2001) 参照)

村松岐夫は、自民党の長期政権の下で、国会議員の地方利益の媒介、体現（利益誘導力）、自治体議員の役割評価、府県知事の自立的意識など、地方における「政治」過程、「地方の政治化」を重視しました。また、自治体の水平的競争・横並び意識に着目し、従来の自律性を基礎とする「自治」概念から、地域の意思・利益の実現行為として新しい「自治」概念を主張したのです。

こうした自らの立場を「水平的政治競争モデル」と呼び、辻清明などが主張した議論を「垂直的行政統制モデル」としました。従来の垂直的行政統制モデルは、行政ルートを通じた上からの存在を指摘したのに対して、村松岐夫は、政治を通じた補助金獲得のための分捕り合戦を単に批判するのではなく、これを地域住民に便益をもたらす活動と捉え地方自治のあり方として積極的に評価したのです。

◆西尾勝の政府間関係論

東京大学の行政学者であった西尾勝は、福祉国家のもとでの政府間関係の変容という現代的な現象を分析できるような枠組みを確立することが必要であるとして、集権・分権概念の分析から出発しています。(西尾 (1990) 参照)

まず、天川晃モデルに対しては、基本的に受容しつつも、その上で、「集権―分権」と「分離―融合」という概念を補う概念として、「集中―分散」、「統合―分立」という概念を追加します。

　「集中―分散」という軸は、政策や制度の実施事務がどのレベルの政府の任務とされているかという軸です。政府部門の事務の実施が上級政府に留保されているものが多ければ多いほど集中的システムであるとされ、その逆は分散的システムとされます。

　一方「統合―分立」という軸は、担当機関の多元化を示す概念です。

　「統合」は、国や自治体が個別分野ごとに縦割になっていない状態をいいます。これに対して「分立」は、国や自治体を通じて個別分野ごとに縦割で事務事業が実質的に執行されている状況です。

　第1次分権改革で、「中央政府の事務」の執行をその長に委任して執行させる機関委任事務制度は廃止され、自治体の実施する事務は「自治体の事務」と位置付けられたことからも日本の地方自治システムは、融合型ととらえるよりも分散型ととらえることの方が適切かもしれないと思います。しかしながら、機関委任事務は廃止されたものの、依然として国の関与は残されており、その意味では、「集権的分散システム」と説明することが妥当ではないかと思います。

　また、相互依存モデル全体に対して、①現代国家においても、法制度的な分権はなお重要性を失わないこと、②「集権・融合型」の地方自治に対して、そのまま相互依存モデルが適用できるか疑問であること、すなわち「融合」型の政府間関係であって、「組織間」関係ではなく、「組織内」関係ととらえる方が妥当であること、③全体として相互依存モデルがあるとしても、その相互依存関係下における「分権」化の変化こそ重要であること、④相互依存関係イコール地方政府の力の向上ではなく、相互依存関係の進展はむしろ地方自治の原理と鋭く抵触する事態でもあること、⑤相互依存関係は、政策実施の効果を不確実にするものでもある、と指摘することができます。

◆西尾勝と村松岐夫との「自治観」比較

　西尾勝は、地方自治の本質的な要素を中央政府からの自由と自律に求めています。相互依存関係の深化による「融合」型の政府間関係に懸念を抱き、「分離」型の地方自治観にこだわりを持っている点が特徴です。

　一方、村松岐夫は、現代国家における「自治」とは、複雑に拡がる社会経済のネットワークの中で、地域住民の意思に基づいて地方政府が利益を主張し、それを実現することであるとしています。各セクターが複雑な相互関係を結ばなければならない現代では、地方政府が中央政府から純粋に自由になり、自律していくことはその活動の停止・停滞につながることから、むしろ自由・自律は犠牲にしても旺盛な活動量を確保することが「自治」の実現につながると考えており、いわば「融合」型の自治観です。

　今後の政府間関係については、「融合」型の政府間関係を受け入れつつ、これを利用すべきですが、「自治」を単に地方政府の意思・利益の実現行為と考えるべきでなく、自律と自己統治のシステムとしての「自治」はそれ自体に価値があると考えます。

◆岩崎美紀子の中央地方関係論

　筑波大学の行政学者である岩崎美紀子は、中央地方の関係について「本人（principal）・代理人（agent）理論」を用いて説明しています。「本人・代理人」理論とは、主権者である国民を本人としてとらえ、本人が誰を代理人として指名し、共通の課題を処理させるのかという「委任の仕方」の視点に立って整理しています。代理人の候補は、地方政府と中央政府です。（岩崎（1998）参照）

　岩崎美紀子は、「本人・代理人」理論を用いて、4つのモデルから中央地方政府関係を構想しています。（図表21参照）

（1）連合型のモデル

　連合型は、本人である市民は、個々人で処理するよりも共同して処理した方が効率的である仕事については、それを処理させるために、代理

人として地方政府を創設し、処理を委任します。地方政府は、さらに個々に対処するよりも他の地方政府とともに上位の政府に委任して解決した方が便利であると判断した仕事については、代理人として中央政府を創設し、処理を再委任します。

中央政府は、市民の代理人ではなく、あくまで地方政府の代理人であるので、市民は地方政府に対してだけ参政権を有し、地方政府からのみ課税されます。中央政府は、地方政府から提供される上納金によって運営されるのです。

中央政府は、地方政府から再委任された仕事に関して決定権を持ちますが、決定が拘束力を持つには、地方政府による批准が必要であり、中央政府の決定権はその意味で制約されています。最終的な決定は地方政府にあります。

（2）出先型のモデル

出先型は、連合型とは正反対に市民はまず代理人として中央政府を創設し、そこに共通の仕事を処理する権限を委任します。そして、中央政府は委任された仕事のうち、市民に身近なところで処理する方が効率的に処理できる仕事を行わせるために、代理人として地方に出先機関を創設して、そこに処理を再委任します。

地方に置かれる出先はあくまでも中央政府の代理人であり、市民の代理人ではなく、市民は中央政府に対してだけ参政権を有し、課税権を持つのも中央政府です。

最終的な決定は、中央政府にあります。出先型では、地方政府は地方機関というべき存在です。

（3）連邦型のモデル

本人である市民は、一方において地方政府を代理人として創設し、他方において中央政府を代理人として創設します。中央政府と地方政府の関係は対等関係であり、それぞれに委任される仕事は、憲法に明記されます。明記の仕方は、連邦政府の仕事を列記しその他を地方政府に委ねる場合と地方政府の仕事を列記しその他を中央政府に委ねる場合が考えられますが、列記した仕事を担当する政府の方が相対的に仕事の量は少

なくなると考えられます。
　市民は地方政府、中央政府ともに参政権を持ち、両者から課税されることになります。最終的な決定は、憲法に基づく役割分担により分割されることになります。

(4) 単一型のモデル

　単一型は、連邦型と同様に、中央政府・地方政府はともに市民の代理人です。中央政府と地方政府とも市民に対して課税権を持ちます。
　また、出先型と同様に地方政府は中央政府の代理人という性格を持ちあわせます。このため、市民の地方への参政権は、中央政府の定める法律によって規定され、地方政府の課税権も法律によって制約されます。したがって、地方政府は、条例制定権等で決定権を持ちますが、中央政府の決定権の範囲内においてのみ決定できるのです。

図表21　中央－地方関係の４つのモデル

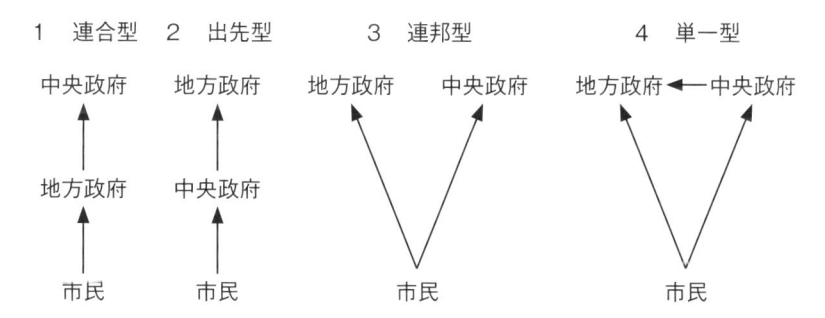

1　連合型	2　出先型	3　連邦型	4　単一型
中央政府	地方政府	地方政府　　中央政府	地方政府 ← 中央政府
↑	↑	↖　　　↗	↖　　　↗
地方政府	中央政府		
↑	↑		
市民	市民	市民	市民

（出典）真渕（2009）516頁を一部修正

13 市場・政府・地域社会による問題解決の方法とは?

「私たちが住む社会総体は、経済システム、政治システム、社会システムという3つのサブシステムによって形成される」と経済学者の神野直彦は著書『人間回復の経済学』の中で言っています。（神野（2002）10-16頁）

これをもとに地域社会における問題解決を考えますと、図表22のように、市場による解決、政府による解決、地域社会による解決という3つ解決方法を挙げることができます。（礒崎（2012）127-139頁）

地域社会の様々な問題は、その解決にあたって依拠すべき原理によっ

図表22　地域社会の問題解決のフロー（市場・政府・地域社会の関係）

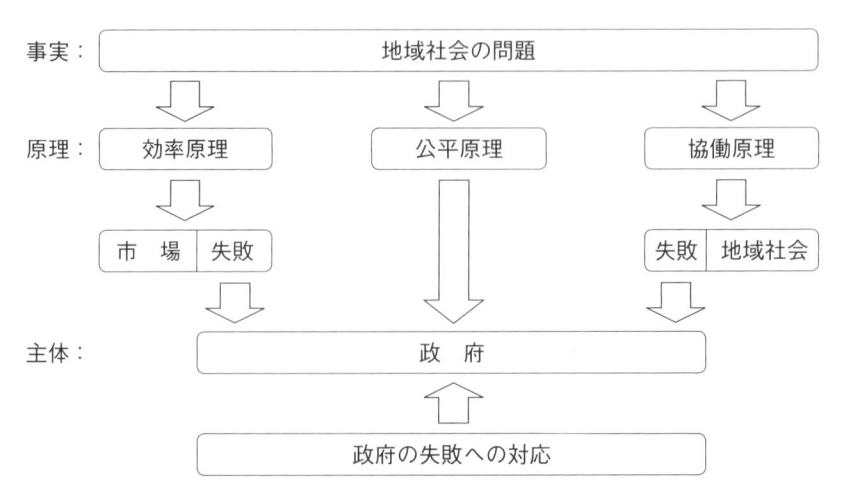

```
事実：          地域社会の問題
                 ↓      ↓      ↓
原理：        効率原理  公平原理  協働原理
                 ↓              ↓
              市場│失敗       失敗│地域社会
                 ↓       ↓       ↓
主体：              政　府
                     ↑
                政府の失敗への対応
```

（出典）礒崎（2012）137頁、図表8-2を一部修正

て分類することが可能です。

まず、効率的な資源配分や便益の増大を基本とする「効率原理」、個人間の公平性や平等を基本とする「公平原理」、個人間の協調、連帯を基本とする「協働原理」の3つの原理が考えられます。そして、「効率原理」を重視すべき問題であれば「市場」による解決、「公平原理」を重視すべき問題があれば「政府」による解決、「協働原理」を重視すべき問題があれば「地域社会」による解決を基本に考えることができますが、社会問題は複雑かつ多様化していますので、1つの問題について複数の原理が求められることがあります。

◆「市場」による解決

市場は、様々な取引を通じて効率的な資源配分を実現します。アダム・スミスは、近代経済学の大著『諸国民の富』において、競争の結果私的利益（利潤）を求める個人は、あたかも見えざる手によって導かれるように、公共の利益を実現することになると論じています。

こうしてできあがった効率的な状態を「パレート効率性（パレート最適）」と呼んでいます。政府はできるだけ市場に介入すべきではないという考え方があるのです。

見えざる手が有効に働くためには、競争がなければなりません。しかし、市場にも限界があります。次の6つの市場の環境については、パレート最適を達成することができないとされています。つまり、「市場の失敗」と呼ばれています。（スティグリッツ（2003）95-108頁を参照）

（1）不完全競争（独占、寡占）

1社（独占）もしくは少数の企業（寡占）が市場で大きなシェアを占めている場合には完全競争は成り立ちません。完全競争を実現するために政府の介入が求められます。

（2）公共財

財の消費を複数の人間が同時に行うこと（非競合性）が可能であり、個人による財の使用を排除できない（非排除性）というのが公共財の性格です。例えば、警察・消防・防衛などの公共財は、市場では十分に供

給されず、その費用を個々人に求めることはできません。そこで、政府が個人に代わってその供給をするのです。

（3）外部性

例えば、企業が汚染物質を出して公害となっている場合、社会全体でその費用を負担しているにもかかわらず、企業は負うべき負担をしないで利益を上げることになります。

このように、個人や企業の行動が他者に損害を与えているのにその補償を行わなかったり（外部不経済）、反対に便益をもたらすのに他者から対価を得ていない場合（外部経済）を「外部性」と言います。この外部性を内部化するためには政府による規制が求められます。

（4）完備していない市場

ある財を提供する場合に、その費用が、個人が支払おうとする金額を下回っているにもかかわらず、民間市場でいつまでも提供されない場合を「完備していない市場」と言います。保険や資本市場では、取引費用や情報の格差の問題から「完備していない現象」が生まれます。そこでは政府の介入が正当化されます。

（5）情報が少ない場合

消費者に生産地や製法などについて適切かつ必要な情報が与えられなければ、消費者は財を購入する段階で正確な判断ができません。

このように市場にあまりにも情報が少なかったり、消費者サイドに伝わる情報が不完全だった場合、市場原理は適切に機能しません。そこで、製品の表示義務等のルールをつくるため、政府が介入することがあります。

（6）失業と周期的な景気後退

市場原理に基づく資本主義経済は、1929年の世界大恐慌に見るように過去2世紀にわたって周期的な景気後退と失業の発生を経験してきました。このような状況下では、政府による積極的な財政支出などの経済対策が求められてきました。

◆政府による解決

　政府の役割とは、市場による解決のところで述べましたが、第一に「市場の失敗」に対応するための役割です。

　第二に、低所得者・社会的弱者のための福祉（所得再分配）と私人間の公平を実現するために政府は様々な対応をとらなければなりません。低所得者のための財やサービスは福祉国家において不可欠であり、市場では提供できず、政府が租税を財源として提供します。

　政府にも限界があり、これを「政府の失敗」といいます。それは次のような政府組織の非効率性に起因しています（スティグリッツ（2003）251-259頁参照）。

（1）利潤追求をしない組織

　政府組織は、利潤の追求、競争関係がなく、ましてや倒産することもないので、生産性に対するインセンティブが働きません。そのため、非効率になります。

　そこで政府を指揮する政治家のリーダーシップを機能しやすくしたり、政策評価制度など客観的に成果を評価できる制度を導入することや公務員に成果主義を導入することがこの場合に有効です。

（2）エージェンシー・スラック（エージェンシー問題）

　国民の代理人（エージェント）である政治家の意向に沿って、委任された仕事をやり遂げることを期待されている官僚が、委託者である国民をないがしろにして働かない可能性があります。これをエージェンシー・スラック（Agency・Slack）といいます。

　この場合は、国民が官僚をどう監視し、自分たちの利益のために働かせるかという問題があることから、監査制度やオンブズマン制度を充実し監視機能を強化したり、政策評価制度を導入し説明責任を強化するのが有効と考えられます。

（3）官僚の形式主義

　政府組織は、職務遂行によって大きな利益が得られない反面、失敗によっては、厳しい処分や非難にさらされるため、形式的かつ慎重な手続

を遵守することで失敗を認めない傾向にあります（官僚制の病理）。このように政府組織は、慎重な手続をとることで自らの責任を回避しようとする傾向があります。

これに対しては、政策評価や人事評価（減点主義でなく加点主義）などの成果主義の仕組みを導入することが有効です。

（4）財政的制約

政府組織は、単年度会計主義がとられているので、年度を超える支出は原則禁止されているように、財政行動に対する民主的統制と公金扱いの適正確保のための様々な制約が課されています。そこで、中長期な計画を定めたり、複数年度にわたり財政支出等の弾力的な財政運営を可能とする取組みが有効です。

◆地域社会による解決

市場や政府のほかに、地域社会やコミュニティによって社会的問題を解決することが可能です。自治会、地域団体、NPOやボランティアなどの地域住民によりサービス提供をすることは充分可能です。ただし、次のような場合は、その解決は困難と言えます。

（1）民主制の欠如

自治会、地域団体、NPO・ボランティア団体は、確かに民主的な運営に努めている組織もありますが、制度として保障されていないのは事実です。そのため組織の代表者（長や役員等）を構成員の選挙で選出するなどの民主的な運営が保障されていないため、特定個人やグループの独断専横に陥る可能性があります。また多数決などがあまりに重視されるために、少数者の権利や意見が軽視される恐れがあり、非民主的な運営や決定が行われる危険があります。

この場合の有効策としては、地域組織は、組織の代表者を選出したり、組織を設置する際に規約を作ったり、組織として意思決定する場合は、民主的ルールを明確にしておくことが求められます。

（2）フリーライダー（ただ乗り）

フリーライダーとは、受益者の負担で提供されるべき便益を負担なし

に享受してしまうことです。(スティグリッツ (2012) 226頁)

　フリーライダーは、通常、公共財に対する不特定の者の利用を排除できないという文脈で語られますが、公共財といえない財やサービスについても生じる可能性があります。例えば、自治会が会館の運営をしている場合に、自治会に加入していない住民もゴミ捨て場利用の便益を受けることができます。政府と違い、地域組織の場合は税負担などの強制力を持ちえないのでフリーライダーを排除することは難しいのです。

　この場合、地域組織の民主的な運営によって自発的な参加を拡大していくことが考えられます。そうした上で、不特定者の利用を排除できない財は、ボランティアなど自発的な参加者を利用の際の基本とすることが望まれます。

◆市場と政府と地域社会の関係

　以上のように、市場原理に委ねられる問題や地域社会に委ねられる問題はできるだけ市場、地域社会の取組みに任せて、政府はできるだけ介入すべきではなく、「市場の失敗」や「地域社会の失敗」の時にこそ政府は支援すべきです。

　そして、「政府の失敗」が生じた場合は、市場や地域社会の役割に委ねることは公平の点で難しいので、政府の問題として解決しつつ、「政府の失敗」を克服又は抑制する方法を工夫すべきです。例えば、官僚組織を活性化させるため、政策評価・人事評価の制度化、成果主義の導入などの仕組みを官僚組織に組み込むことが重要です。

14 自治体政策法務とは?

◆自治体政策法務とは何か?

　政策法務とは、「法を政策実現の手段として捉え、政策実現のためにどのような立法、法執行、評価・争訟が求められるかを検討する理論及び実務における取組み」(礒崎初仁)のことです。

　政策法務の定義は論者によってまちまちですが、この定義の特徴は、①法を政策実現の手段として捉えていること、②「法務」を構成する立法、法執行、評価・争訟という三段階を広く対象としていること、③理論と実務の両方を検討することです。(礒崎(2012)3頁参照)

　従来の集権的な行政システムでは、「国が政策を考え、自治体がそれを執行する」という役割分担の意識が強かったのです。つまり、国は、「法」という形式で政策を立案することが日常的であったのに対して、自治体の法務は、国が定めた法令を各省庁の通達・解釈通知に従って実施するというのが一般的であったのです。このため、自治体の「法務」は、「政策」とは切り離されていました。

　しかし、社会の成熟化に伴い、価値観が多様化することで地域の課題について自治体独自の政策判断が求められるようになりました(分権化)。つまり、自治体が法を執行するにあたっても、自治体の政策との結びつきを考慮して、自治体の政策実現のために合理的な解釈運用を行わなければならなくなったのです(自治化)。また、自治体が独自の政策をつくり、その実現のために「条例」という形式で政策を立案する必要(法制化)が出てきたのです。

　このように、これまで、自治体において切り離されてきた「政策」と「法務」を本来のあるべき姿に戻って結び付けようするのが「自治体政

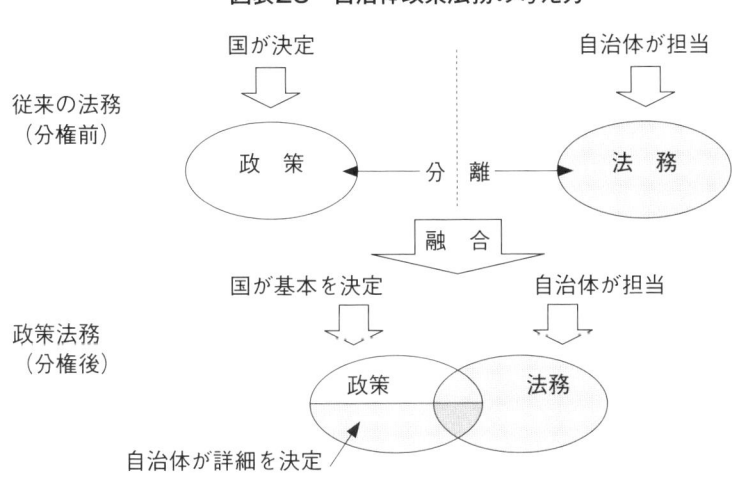

策法務」ということができます。(図表23参照)

図表23　自治体政策法務の考え方

従来の法務（分権前）：国が決定→政策　←分|離→　自治体が担当→法務

融合

政策法務（分権後）：国が基本を決定→政策、自治体が担当→法務、自治体が詳細を決定

（出典）礒崎（2012）4頁を一部修正

◆自治体政策法務のサイクルをみてみよう

　自治体政策法務は、自治立法、法執行、評価・争訟という3つの段階・プロセスによって構成されており、図表24のようなサイクルを構成しています。

（1）自治立法

　政策を定める公示形式としては、法、計画、予算がありますが、自治体における法、すなわち、自治立法には、自治体が議会の議決を経て、その活動に関して制定する条例（地方自治法14条）と首長がその権限に属する事務を制定する規則（地方自治法15条）があります。

　自治立法を立案する段階では、いかに有効かつ効率的に制度設計を行うかが重要になります。その立案段階を詳細にみますと、①課題設定（社会問題を認識して、その原因を明らかにした上で、自治立法という「法」形式で対応しようとする段階）、②立案（問題解決のために必要な

手段を選択し、関係法令を整理し、条例案としてまとめる段階)、③決定(権限を持つ機関において、条例案などを審議し、正式に決定する段階)といった3段階に分けることができます。

　自治体の事務にはこの自治立法のほかに、法律・政省令によって定められているものも多くありますが、このような事務は、国が立法段階を担い、自治体が執行段階以降を担っています。

(2) 法執行

　法(法律・条例等)の目的を実現するためには、法を適切に執行する必要があります。法の内容を正しく解釈し、具体化するとともに、個別の事案にあてはめて一定の結論を出すことが必要です。

　自治体の場合は、国が制定した法律等と自らが制定した条例等の両方を執行する役割を担い、多くの自治体職員はこの法執行活動に携わっています。

　法を執行する場合、マニュアル等の執行細則を作り円滑に行うことが必要ですし、また、違反者に対する指導監督を行うなど、効果的な運用が求められます。

　また、法は、あくまでも抽象的・一般的なルールとして定められていますので、これをどう解釈するかについては自治体の裁量が伴うものだし、違反者に対する取り締まりなど、制度をどのように運用するかについては、執行機関の工夫に任されています。

(3) 評価・争訟

　自治体を取り巻く環境の変化や個別課題に対応していくために、一定の期間を経過するごとに、定期的に法執行の成果や状況を点検・評価して、必要がある場合には、法律改正に向けた提案や条例の改正、執行方法のあり方の見直しにつなげていくことが大切です。

　また、日常的ではないですが、法執行を行った場合、行政事件訴訟や行政不服審査請求が提起されることがあります。これらの場合、法律や条例そのものが憲法・法律に違反する、無効であるとされたり、従来の執行方法が否定されてしまうと初期の目的が達成できないことになってしまうので、これらの争訟には適切に対応することが必要になります。

このように法は、一度制定したら決して見直す必要がないということはなく、予算・計画などと同様に評価のプロセスを通じて絶えず見直すこと（フィードバックすること）によって、「よりよい法律等」「よりよい条例等」に成長させることが大切です。

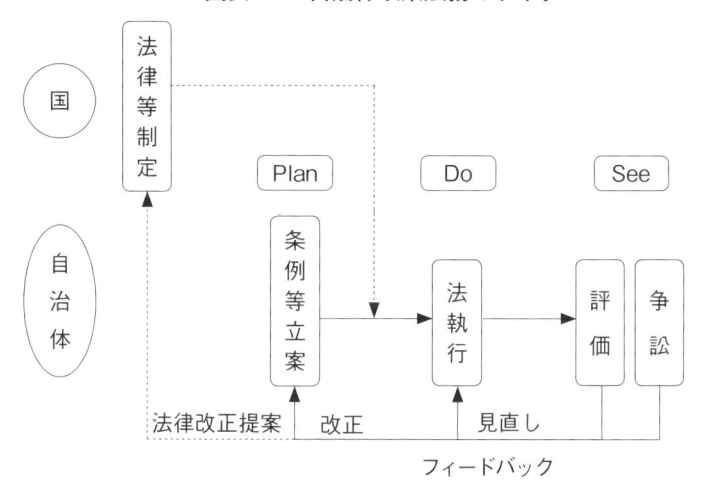

図表24　自治体政策法務のサイクル

（出典）礒崎（2012）70頁を一部修正

◆法制度設計（条例づくり）のプロセスが大切

　政策法務を進めるには、法（条例）をつくる過程が非常に重要になります。

（1）課題設定（課題の把握・原因の究明）

　まず重要なのは、課題設定です。課題設定にあたっては、①何が問題なのか、対応すべき課題を把握（問題の把握）して、その上で、②なぜ、その問題が生じるのか（原因の究明）を明確にする必要があります。そして、③自治体として何らかの対策を講じるべきか否かが問題になります。また、④対策を講じるとすれば、個人に起因する問題か、社会に起因する課題かによって対応が異なると思います。

（2）条例化の必要性

　課題設定においては、その問題を解決するために条例制定が必要かどうか検討する必要があります。

　この課題には、そもそも自治体（行政）として対応することが必要なのかという点での検討が必要です。仮に地域で何らかの対応をすべき問題が生じているとしても、それは私人間の問題（いわゆる、民々の問題）として最終的に司法権（裁判所）の問題として解決すべきかもしれませんし、地域社会（コミュニティ）の問題として自治会・ボランティア・NPOなど地域の自主的な取組みに期待すべきかもしれません。

　仮に、自治体の対応が必要だとしても、予算で対応してしまうのか、計画を作って対応するか、それとも条例制定が必要なのかという検討が必要になると思います。地方自治法上は、住民や事業者に義務を課したり、権利を制限したりする場合は、条例の根拠が必要になります（14条2項）。これ以外の場合は、必ずしも条例制定する必要はないのです。

　では、どういう場合に必要か、その条例の必要性や合理性（正当性）を位置づける社会的事実を「立法事実」といいます。

（3）立法事実

　立法事実とは、条例の目的と手段を基礎付ける社会的な事実（データ、市民の意識などを含む）をいいます。立法事実は、単なる事実ではなく、条例の必要性等に関連付けられた「意味のある事実」でなければなりません。例えば、経年変化などの数値データとその原因分析、条例が制定されていない状況下で自治体が取り組んできた対策とその限界、参考となる国の制度や他の自治体の取組状況などが考えられます。

　また、ここには現在の事実だけでなく、条例制定によってどのような効果、変化が生じるかという「将来の事実」が含まれます。この点については、人の予測作業が伴い、事情の変更も生じるため、不確実な事実にならざるをえないのです。

　さらに、立法事実は、数多くの事実の中から立案者が意味のある事実として収集・抽出・記述するものなので、主観性・恣意性が伴います。第三者の参加など複数の目によって選定するとともに、立案者が説明責

任を果たす必要があります。そこで、条例制定の場合には、専門家、公募市民などから構成される第三者の委員会等において立法事実を点検したり、議会において参考人等の意見を聞きながら立法事実を明確にすることが重要です。

(4) 政策手法

政策手法とは、社会の課題を解決するために国または自治体が行う活動の手段ないし方法のことをいいます。

公共政策とは、公共的な課題を解決するための公的機関等の活動の方針であって、「目的」と「手段」から成り立っています。政策手法とは政策に定められた「手段」を表します。

14頁で示したように、公共政策には基本的な要素として、①目的(何のために)、②執行主体(誰が)、③対象(誰に、何に)、④執行手段(どういう手段で)、⑤執行基準(どういう基準で)が示されなければなりません。この5つのいずれかが欠落した場合でも活動の方針としては不完全であり、政府機関等は活動を開始することができません。

この中で、特に重要なのが④執行手段です。執行手段が決まらないとこれを行使する適正な主体、対象、基準を検討することはできません。この意味では、政策手法の検討において、執行手段が中心になります。

政策手法については、条例をつくる際に、対象者の行為に何らかの形で働きかけることが必要ですので、対象者の行為との関係に着目した手法(基本的政策手法)が基本になります。

すなわち、①対象者の行為を規制又は抑制する手法(規制的手法)、②対象者の行為を一定の方向に誘導する手法(誘導的手法)、③対象者や関係者の行為や意見・利害を支援し補完する手法(支援的手法)、④対象者や関係者の行為や意見・利害を調整する手法(調整的手法)の4つを設定することができます。

従来は、規制的手法が多かったのですが、最近では課題の多様化に対応して、誘導的手法や調整的手法が重要になってきています。また、支援的手法は権利制限にならないため基本的には法を制定しなくても実施できますが、実施機関への義務付けや安定的な実施のために条例を定め

る例が出てきています。

　また、基本的政策手法の効果を維持、促進させる手法や基本的政策手法を実施するための資源を調達する手法も重要となります。すなわち、⑤規制的手法と誘導型手法のめざすべき方向と目標を、行政計画や行動指針として総合的に定める手法（計画的手法）、⑥規制的手法や調整的手法の実効性を確保するための手法（実効性確保手法）、⑦主として支援的手法のために財源を調達する手法（財源調達手法）、⑧住民等との協働（人的資源の調達）を促進して誘導的手法や支援的手法を円滑に実施する手法（協働促進手法）です。

　これらの８つの政策手法の詳細は、図表25が参考になります。

図表25　条例で活用できる政策手法一覧

種類・政策手法		内容（要点）	具体例（略称を含む）
基本的手法	１．規制的手法	望ましくない行為を制限又は抑制する手法	—
	①禁止制	一定の行為を禁止	千代田区生活環境条例21条
	②許可・承認制	一定の行為を行う前に許可、承認等を義務づける	岡山県県土保全条例５条
	③協議・同意制	一定の行為を行う前に協議や同意を義務づける	神奈川県土地利用調整条例３条
	④指定・登録制	一定の行為を行う前に指定や登録を義務づける	福島県木材業者等登録条例３条
	⑤命令制	一定の行為に対して停止等の命令を行う	福井県アスベスト健康被害防止条例13条
	２．誘導的手法	望ましい行為や状態への変化を促進する手法	—
	①行政指導制	望ましい行為を行うこと等の指導や勧告を行う	東京都消費生活条例12条
	②補助金制	望ましい行為や活動の費用の一部を助成	香川県企業誘致条例５条
	③政策税制	望ましい行為の税を減免し、そうでない行為に課税	三重県産業廃棄物税条例４条
	④認定・認証制	望ましい行為や施設を認定・認証し公表	神奈川県子ども・子育て支援推進条例15条
	⑤広報啓発制	望ましい行為を行うようよびかける	北海道アウトドア活動振興条例８条
	３．支援的手法	サービス提供等により住民等を支援・補完する手法	—
	①金銭交付制	一定の住民等を支援するため金銭を交付	志木市要介護高齢者手当支給条例２条
	②金銭貸与制	一定の住民等を支援するため金銭を貸与	目黒区応急福祉資金貸付条例２条
	③サービス提供制	一定の住民等を支援するためサービスを提供	秋田県・羽後町ホームヘルパー派遣条例２条

	④施設提供制	一定の住民等を支援するため施設利用を認める	横浜市営住宅条例10条
	⑤相談・情報提供制	住民や団体の相談に応じ又は情報を提供	川崎市こころの相談所条例3条
	4．調整的手法	関係者の行為や意見・利害を調整する手法	—
	①意見聴取制	一定の場合に関係者や住民の意見を聴取又は募集	久留米市緑化推進条例4条
	②調停あっせん制	関係者の申し出を受けて調停・あっせんを行う	東京都中高層建築物紛争予防調整条例7条、9条
	③当事者協議制	一定の場合に関係者との協議・調整を求める	志木市墓地等の経営の許可等に関する条例7条
	④協定・契約制	一定の場合に関係者との協定等の締結を求める	福島県商業まちづくり条例20条
	⑤苦情対応制	関係者からの苦情を受けて調査や指導を行う	中野区福祉サービス苦情処理条例10条
補完的手法	5．計画的手法	計画等を通じて政策手法の目標等を明確にする手法	—
	①行政計画制	めざすべき将来像や施策・事業の計画を明確化	逗子市まちづくり条例7条
	②行政指針制	住民等が守るべきルールや行動規範を明確化	新潟市男女共同参画推進条例10条
	6．実効性確保手法	他の政策手法の実効性を確保する手法	—
	①罰則制	義務違反を行った場合に制裁を科す	神奈川県土地利用調整条例21条
	②是正命令制	義務違反を行った場合に是正措置を義務づける	高知県土地基本条例36条
	③処分取消制	条件に違反した場合等に許可等の処分を取り消す	岡山県県土保全条例10条
	④行政調査制	義務違反等の事実について情報収集を行う	埼玉県青少年健全育成条例26条
	⑤氏名公表制	望ましくない行為を行った場合に氏名等を公表	小田原市市税滞納措置条例6条
	⑥給付拒否制	望ましくない行為を行った場合にサービスを拒否	神奈川県・真鶴町まちづくり条例25条
	7．財源調達手法	政策実現に必要な財源を調達する手法	—
	①独自税制	財源確保のために法定外税等を賦課	福島県森林環境税条例1条
	②寄付促進制	財源確保のために寄付等を促進	北海道・ニセコ町ふるさとづくり寄付条例3条、5条
	8．協働促進手法	施策・事業の実施にあたり住民協働を進める手法	—
	①住民提案制	住民等の提案を募集・促進	神戸市まちづくり条例7条
	②住民授権制	住民団体等に公的権限や役割を付与	神戸市まちづくり条例4条、10条
	③住民協働制	住民等との協力・連携を促進	豊橋市市民協働推進条例6条
	④民間委託・指定制	民間団体等に事務を委託又は一定の地位を付与	神奈川県青少年保護育成条例8条の3

（出典）礒崎（2012）123−124頁

条例立案にあたっては、どの政策手法を採用するか、比較検討する必要があると思います。ある目的を設定した場合でも、それを実現するための政策手法は様々だと思いますので、できるだけ多くの手法を列挙し、最も適切と思われる手法を選択する必要があると思います。また、複数の手法を組み合わせて、より有効で効率的な仕組みをつくることが重要です。

（5）条例評価

条例を作る場合に「適法な条例」であると同時に、条例を政策実現の手段とする以上、「優れた条例」であることが求められます。

条例案を作成した段階で、「優れた条例」となるべき要素を備えているかどうかを評価・検証するのが「条例評価」です。

条例評価は、条例の立案段階において一種の事前評価として行われる点で重要な意味をもちますが、さらに、条例施行後の評価・争訟段階においても、事後評価をし、条例立案・改正や法執行にフィードバックすることが望まれます。

条例評価については、①必要性、②有効性、③効率性、④公平性、⑤協働性、⑥適法性の6つの基準を用いるのが望ましいです。

① 必要性

対応しようとする課題に対して、条例制定をする必要性があるか否かを問うのが「必要性」の基準です。

地域で問題が生じていても、私人間で調整できれば自治体（行政）が関与する必要はないし、要綱や予算・計画など条例以外の方法で対応できるならば条例制定の必要性はありません。また、必要性は主に目的が適切であるかを問うものですので、これが欠けた場合は評価・検討は不要になります。したがって、必要性は条例制定の前提条件といえるでしょう。

また、必要性は、地域の具体的な実情に基づくものでなければなりませんので、条例の必要性を裏付ける事実・資料（＝立法事実）を収集することが求められます。

この必要性については、条例を制定しない場合の害悪発生の蓋然性・

可能性が示せれば足りるとされています。

② **有効性**

条例の掲げた目的の実現にどの程度効果を発揮するかを問うのが「有効性」の基準です。

必要性の検討で「目的」の評価がなされると、次に条例の手段の問題に移ります。手段については、目的の実現にどこまで効果が発揮されるかが問われます。その際、対象の範囲、手段の中身、違反行為に対する罰則などが評価の対象となります。

評価にあたっては、できるだけ定量的・客観的に行うことが望ましいのですが、その実行は難しいので、次のような分析を行うことが想定できます。①時系列比較（施行前の一定期間・時点の状況との比較）、②自治体間比較（条例制定していない類似自治体との比較）、③シミュレーション（条例を制定しない場合を想定して比較）、④アンケート手法（関係者の認識、満足度を把握）、⑤ケーススタディ（適切な事例を抽出して条例の影響を分析）などです。

③ **効率性**

同じ目的を実現するのにより少ないコストで執行できないか、また、当該条例の執行によってどの程度コストが発生するかを問うのが「効率性」の基準です。この基準には、執行を行うための職員の人件費、補助金等の事業費といった直接的なコストのほかに、執行にあたり強力な低抗はないか、合意形成は容易かといった外部要因による間接的なコスト（執行可能性）も含まれます。直接的なコストは、貨幣価値等のものさしで把握することが望ましいのですが、外部要因による間接的なコストは、定量的な把握が難しく、定性的な方法で把握せざるをえません。

④ **公平性**

当該条例の目的に照らして条例の効果やコストが公平に配分されているか、平等な取り扱いが行われているかを問うのが「公平性」の基準です。

条例は、公共的な規範であるので、単に目的を実現すればいいというものではなく、手段として住民や事業者に対して公平であることが必要

です。

　ただ、具体的に、どのような利益配分や権利制限が「公平」かというと難しい問題です。各人に同一に利益や負担が配分されることが公平とする客観的平等を考えることができますし、住民や事業者の収入、資産、年齢などの属性に応じて配分されることが公平とする主観的平等と考えることもできます。さらに、配分の結果よりも配分の過程の中でその「機会」が平等に保障されていることが公平とする機会の平等と考えることもできます。（平井（1995）106-110頁）こうした複数の視点から公平性を検討していきますが、評価は定性的なものにならざるを得ないでしょう。

⑤　協働性

　条例の仕組みの中で住民や市民団体、NPO等の参加や協力をどこまで取り込み、尊重しているかを問うのが「協働性」の基準です。条例の目的や内容によっては難しい場合もありますが、条例が地域のルールである以上は、住民や市民団体、NPOなどの意見を反映させたり、その役割を位置づけることが大切です。地域の実情を反映できますし、住民との間に信頼関係を構築することができます。目的を実現することやコスト面で大きな変化がなければ、協働の仕組みを盛り込むことが望ましいです。ただし、こうした住民動員型の仕組みには行政の下請け化と「相互監視社会」の心配もあり、慎重な判断が求められます。

⑥　適法性

　当該条例が憲法や法律に照らして違憲、違法か、他の法制度との整合性は確保されているかを問うのが「適法性」の基準です。詳しくは、次項で詳述します。

　以上、このような６つの基準による評価を総合して、条例の良し悪しを判断することになります。

15 自治体政策法務を具体的にみてみよう！

◆条例制定の可能性を見極める

　憲法は、「地方公共団体は、……法律の範囲内で条例を制定することができる」（94条）とし、地方自治法は、「普通地方公共団体は、法令に反しない限りにおいて……条例を制定することができる」（14条1項）としています。したがって、法律（法令）に抵触する条例は違憲・違法になります。

　この問題は、市民の自由や財産を制限する可能性がある規制条例において顕著に現れますが、条例が法律（法令）に抵触するか否かはどのように判断されるか、という「法律の範囲内」の解釈について、ここでこれまでの考え方を整理します。

　なお、条例と法令の関係については、憲法は「法律の範囲内」としており、地方自治法は、「法令に反しない限り」としており両者間に表現の違いがあります。しかし、ここでいう「法令」は法律の委任を受けた政省令等（委任命令）に限られると解されるので、結局、この規定は憲法と同じ内容を定めていることになります。

　では、どのような場合に「法律の範囲内」といえるか、大きくは3つの見解があります。

（1）法律先占論

　法律先占論とは、法律がすでに規律していた事務及び領域には、法律の委任がないかぎり、条例を制定することができないという解釈です。

　例えば、1956年に制定された売春防止法は、すでに制定されていた売春防止条例を無効とする規定（同法附則4項）を有しており、条例が先に規律している事項であっても、後から法律が定められた場合は、すで

第2章　基礎理論と実際をみてみよう！　97

に存在する条例を無効とするような例も存在しました。これによると法律の対象事項に対してより厳しい規制を行う「上乗せ規制」はもちろん、法律の対象事項以外の事項を定める「横出し条例」に対しても、法律が先占した領域と認められれば、制定できないということになります。

(2) 目的効果論

　目的効果論とは、法令と条例の間に実質的に矛盾抵触があるか否かによって判断すべきとする解釈です。最高裁は、徳島市公安条例事件判決（最判昭和50年9月10日、刑集29巻8号489頁）において、「条例が法令に違反するかどうかは、両者の対象事項と規定文言を対比するのみではなく、それぞれの趣旨、目的、内容及び効果を比較し、両者の間に矛盾抵触があるかどうかによってこれを決しなければならない」とする目的効果論を採用しました。(図表26参照)

　この判例により、法律先占論は打破され、現在に至るまで、法律と条例とが競合する場合の条例の適法性は、個々の事案ごとに実質的に判断されています。

　下級審判決を含めた判例における法適合性の判断については、礒崎初仁がまとめた一覧が有意義です。(図表27参照)

図表26　条例の法律適合性の判断の枠組み
(徳島市公安条例事件最高裁判決［昭和50年9月10日］)

対象	目的／趣旨		趣旨／効果		制定の可否
対象が重複するか	○ 目的が同一か	○	全国一律の規制か	○	否
				×	可
			効果を妨げるか	○	否
				×	可
	× 放置する趣旨か	○	―		否
		×	均衡を失するか	○	否
				×	可

(出典) 北村・礒崎・山口 (2005) 15頁より作成

図表27　各判決における法律適合性の判断一覧

判　決	関係の法律	①対象	②目的／趣旨	③趣旨／効果	結論
①徳島市公安条例事件判決（昭判50.9.10刑集29巻8号489頁）	道路交通法	YES：重複	YES：重複	NO：最低限	○適法
②伊丹市教育環境保全条例事件判決（神戸地判平5.1.25判タ817号177頁）	風営法	YES：重複	NO：違う	NO：阻害なし	○適法
③東郷町ホテル等建築適正化条例事件判決（名古屋地判平17.5.26判タ1275号144頁）	風営法	YES：重複	YES：重複	NO：最低限	○適法
	旅館業法	YES：重複	YES：重複	NO：阻害なし	○適法
④飯盛町旅館建築規制条例事件判決（福岡高判昭58.3.7行集34巻3号394頁）	旅館業法	YES：重複	YES：重複	NO：比例違反	×違法
⑤宝塚市パチンコ店等建築規制条例事件判決（大阪高判平10.6.2民集56巻6号1193頁）	風営法	YES：重複	YES：重複	YES：一律	×違法
	建築基準法	YES：重複	YES：重複	YES：一律	×違法
⑥紀伊長島町水道水源保護条例事件判決（名古屋高判平12.2.29民集58巻9号2621頁）	廃棄物処理法	YES：重複	NO：違う	NO：阻害なし	○適法
⑦三重県生活環境保全条例事件判決（名古屋高判平15.4.16判例ID28082303）	廃棄物処理法	YES：重複	YES：重複	NO：最低限	○適法
⑧宗像市環境保全条例事件判決（福岡地判平成6.3.18行集45巻3号269頁）	自然環境保全法	YES：重複	YES：重複	NO：最低限	○適法
	廃棄物処理法	YES：重複	NO：違う	YES：阻害あり	×違法
⑨阿南市水道水源保護条例事件判決（徳島地判平14.9.13判例地方自治240号64頁）	廃棄物処理法	YES：重複	YES：重複	YES：阻害あり	×違法
⑩神奈川県臨時特例企業税条例事件判決（東京高判平22.2.25判時2074号32頁）	地方税法	YES：重複	NO：違う	NO：阻害なし	○適法
⑪高知市普通河川等管理条例事件判決（最判昭53.12.21民集32巻9号1723頁）	河川法	NO：なし	NO：放置なし	YES：均衡失す	×違法

（注）「目的／趣旨」は目的が同一か／放置する趣旨か、「趣旨／効果」は一律の規制か／効果を妨げるか／均衡を失するか、をそれぞれさす。なお、この判断基準については図表26参照

（出典）礒崎（2012）201頁

（3）固有の自治事務領域論

固有の自治事務領域論とは、地方自治の核心に関わる「固有の自治事務」領域について法律の趣旨にかかわらず条例で独自の規制が可能とする見解です。

この見解の中で、自治体の事務に関する法律は特別な事情がないかぎり全国最低限の規制を定めるものとし、上乗せ条例、横出し条例も原則適法と解すべきであるとする「条例原則適法説」（阿部泰隆）が主張されています。また、自治事務に関する法律の規定を標準的規定と解し、条例でこれと異なる規定を定めた場合は条例の規定が優先するという「法律標準規定説」（北村喜宣）が主張されています。

◆条例の類型は様々

　条例の類型については、政策体系・階層による分類と法律との関係による分類とに分けることができます。（出石（2010）45-52頁参照）

（1）政策体系・階層による分類

　自治体は、「政策（Policy）－施策（Program）－事業（Project）」という階層に区分して総合的・体系的に政策を執行しています。条例は、法律の委任を受けて制定する場合のほか、必要に応じて個別に設定する場合が多いので、条例間の関連性は希薄ですが、条例の体系化・階層化を意識して取り組もうとしている自治体も出てきています。

① 基本条例

　個別政策分野における政策推進や課題に向けた枠組み、方針を条例に位置づけ、取り組むべきことを明示する「基本条例（政策フレーム条例）」があります。

　例えば、自治体全体を見通した基本事項を定める「自治基本条例」や住民の代表機関である議会の運営方針と基本ルールを定めた「議会基本条例」、個別政策の方向性を示した分野別基本条例（環境基本条例、福祉基本条例など）があります。

② 横断条例

　自治体の行政機関全般に関わる横断的制度・政策条例があります。

　例えば、情報公開条例、個人情報保護条例、市民参加条例、男女共同参画条例などが該当します。

③ 事業実施条例

　個別の政策を実現するため、事業実施条例が制定されます。規制条例

（住民の権利を制限し、義務を課すことを定める条例）、給付条例（住民に権利を付与し、またはサービスを提供することを定める条例）など様々な政策手法を用いた政策実現のための事業実施条例です。

（2）法律との関係による分類

自治体を取り巻く法環境は、規律密度が高く、こうした環境下でいかに地域課題を解決していくかが自治体行政に求められます。

① **自主条例**

自主条例は、①法律が規律していない事項を定める条例と、②法律が規律している事項であっても法律事務とは別の事務を独自に創設して、条例の効果を高める条例の2種類があります。

例えば、ペット霊園や路上喫煙に対しては法律に特段の定めがなく、これらを規制する条例は、前者に該当します。一方、パチンコ店やラブホテルは風営法が一定の規制をしていますが、法律の基準のみでは地域の環境を確保できないなどとして、自治体が条例を制定してこれらの立地に別段の規制を設ける例もあります。この条例は、後者に該当し、法律上の要件効果とは別に条例上の要件効果を定める条例として「並行条例」（岩橋健定）と称します。さらに、岩橋健定は「並行条例」の中で、法律の要件を変更するものを「書き換え条例」、法律の要件を具体化するものを「具体化条例」と分類できるとしています。

また、こうした規制型（問題解決型）の条例とは別に、市民参加条例、住民投票条例、地域活性化条例なども制定されており、こうした条例は、自治経営推進型（制度改善型）として分類することができます。

② **法令事務条例**

法令事務条例は、法令に基づく事務を執行するために定める条例です。自主条例が自ら効果を発揮するのに対して、法令事務条例は、法定処分等の基準や手続などを定めるもので、その効果は法律に帰属します。

法令事務条例は、「条例で定めるところによる」などと条文で示される法律の規定に基づいて制定される委任条例が一般的ですが、①必ず定めなければならない必置委任型と、②条例の規定を設けるかどうか自治体に任されている任意委任型の2つに区分することができます。

また、法律の委任はなく、法令の執行に関する条例を定める法執行条例も存在します。例えば法定許可を例にとりますと、次の3つのパターンがあります。

　例えば、(イ)墓地、埋葬等に関する法律の執行条例として全国的に制定されている墓地経営許可条例などは、法令に定められている許可基準等が抽象的であるため、基準等の内容をより詳細に規定するものです（具体化）。

　また、(ロ)景観法の執行条例として定められた「鎌倉市景観条例」などは、法令で定める基準等を条例で強化するものです（上乗せ）。

　さらに(ハ)宅地造成等規制法の執行条例として定めた「横須賀市宅地造成に関する工事の許可の基準及び手続きに関する条例」などは、法令が定めている基準等とは異なる要件を設けるものです（横出し）。

　これらの条例規定は法定要件となるため、自主条例に比べて違法性が問われる可能性が高いので、慎重に対応する必要があります。法執行条例は、従来は行政内部で審査基準を定めてきた内容を自治体全体での対応として明文化した点については評価することができます。

◆条例で定めることは何か？

　地方自治法14条2項には、「普通地方公共団体は、義務を課し、又は権利を制限するには、法令に特別の定めがある場合を除くほか、条例によらなければならない」と規定しています。この規定は、個人の権利又は自由を侵害するような行為は住民の代表機関である自治体議会が制定する条例に基づかなければならないということを示しています。

　このように法律や条例で規定することが必要なことを「法律の留保」といいます。

　この「法律の留保」には、①行政活動の全てについて法律の根拠を必要とする「全部留保説」、②行政権の行使（公権力の行使）には法律の根拠を必要とする「権力留保説」がありますが、③個人の自由や権利を侵害する場合には法律の根拠を必要とし、給付行政など受益的な行為には法律の根拠を不要とする「侵害留保説」が通説です。

このほか、④国民の基本的人権にかかわる重要事項には法律の根拠を必要とする「本質性（重要事項）留保説」がありますが、この考え方をさらに拡げて、自治体にとって重要事項は、自治体の法形式である「条例」をもって臨むという考え方が望ましいです。例えば、市民参加、パブリックコメント、市民協働、行政評価といった重要事項を条例に定めることで、制度的に保障しようとするものです。

◆都道府県条例と市町村条例との関係

（1）基本的な考え方

　条例は、自治体の「事務」について定めるものであり、市町村条例であれば、当該市町村が担当する事務に関して定めるものであり、原則として国や都道府県の事務を定めることはできません。かつて、自治体が処理していた機関委任事務は、法的には「国の事務」とされていたので、この事務に係る条例制定をすることができませんでした。

　また、都道府県の事務は、広域、連絡調整、補完の3つの事務領域（地方自治法2条5項）に限定され、それ以外は広く市町村が担当するとされている（同条3項、市町村優先の原則）ため、都道府県条例は市町村条例よりも守備範囲は狭いということができます。

　一方、国・都道府県・市町村の事務配分は、相互に関連しているので、国や都道府県の事務になっていても、市町村が自らの役割に照らして必要と考えれば条例制定が可能になる場合があり、都道府県条例と市町村条例が重複した場合には、その解釈も問題になります。

　地方自治法2条16項は、「市町村及び特別区は、当該都道府県の条例に違反してその事務を処理してはならない」と定めています。この事務の処理には条例制定も含まれるため、都道府県条例に反して市町村条例を制定できないと解されてきました。

　しかし、そもそも都道府県条例と市町村条例は、それぞれの事務について定めるものなので、独立・併存の関係もあり、原則矛盾抵触の問題は生じないはずです。このことは、2000年の地方分権一括法施行による第1次分権改革で統制条例規定、事務委任・補助執行の規定が廃止さ

れ、都道府県と市町村は独立・対等な関係にあることが明確にされたことから、このような原則に即した法解釈を行う必要があります。したがって、都道府県条例と市町村条例が同一対象に対して重複・競合する場合であっても、都道府県条例は都道府県の事務、市町村条例は市町村の事務としてそれぞれ規律し、両者は併存し得るものと解すべきです。

(2) 両者が併存しない場合

しかしながら、両者が併存しない場合があります。例えば、都道府県条例では開発区域の面積を1000㎡未満と定めたのに対して、市町村条例は開発区域の面積は1000㎡以上と定めた場合、いずれが優先するかを決める必要があります。このように両者が両立しない場合は、都道府県条例の性格によって、優劣を考えるべきです。

広域的事務及び連絡調整事務に関する都道府県条例と市町村条例が対立した場合は、原則として都道府県条例が優先されるべきです。一方、補完的事務に関する都道府県条例は、本来、市町村が担当する事務であるので、市町村が制定した場合は原則として市町村条例が優先され、都道府県条例の規定は、当該市町村に適用されないと解するべきです。

(3) 立法上の対応

都道府県と市町村は条例制定の段階では、地方自治法（2条6項）が「都道府県及び市町村は、その事務を処理するに当つては、相互に競合しないようにしなければならない」と定めていることからもお互いに協議を行い、調整を図るべきです。

都道府県条例を定める場合は、市町村条例が制定されることを想定して適用除外などを定めておくことが考えられます。

例えば、広域的事務又は連絡調整事務に関して条例を定める場合は、市町村条例によって都道府県条例の目的・効果が確保できると認められるときは、当該市町村の区域を適用除外とする規定を定めることが考えられます。

また、補完的事務に関する条例を制定する場合は、同様の対象について条例を定めるのであれば、特に条件を付することなく、当該市町村の区域を適用除外にする規定を定めることが望ましいと考えます。

第3章
自治体政策づくりを事例で学ぼう！

16 条例はどんなふうに設計されたの?
——受動喫煙防止条例①

　ここでは、実際の事例を用いて条例ができるまでの流れを把握することとします。例として、2009年3月に制定された「神奈川県公共的施設における受動喫煙防止条例（以下「受動喫煙防止条例」という）」の制定過程（基本的な考え方まで）について学びます。（松沢（2009）参照）

◆条例制定の契機は首長の公約

　受動喫煙防止条例は、松沢成文神奈川県知事が、第1期目の「がんへの挑戦・10か年戦略」という政策をつくり上げていく過程で、たばこの害や受動喫煙の危険を認識して新たな政策課題として位置付け、第2期目の2007年の神奈川県知事選挙における、マニフェスト「かながわ力宣言」で示した「11本の先進条例の制定」（ローカル・ルール・イレブン）の中のひとつとして公約したものであり、これはトップダウン型制定過程の条例といえます。

◆課題設定段階——県民意識調査の実施

　2003年5月の世界保健機関（WHO）の総会において「たばこの規制に関する世界保健機関枠組条約」が採択されました。この条約では、屋内の職場、公共の場所等において、たばこの煙からの身体を保護することについて各国に措置を講ずるように求めています。

　我が国では、健康増進法（以下「法」という）が2003年に施行され、法25条には「学校、…官公庁施設、飲食店その他の多数の者が利用する施設を管理する者は、…受動喫煙（室内又はこれに準ずる環境において、他人のたばこの煙を吸わされることをいう。）を防止するために必

要な措置を講ずるように努めなければならない」と努力義務が規定されています。

受動喫煙防止対策の現状について、神奈川県は2007年に「受動喫煙に関する施設調査」を実施し、県内に所在する法25条の対象施設のうち、学校、スポーツ施設、パチンコ店等娯楽施設、飲食店等の14種類、3,000施設を対象に、1,700施設から回答を得ました。その結果、例えば、飲食店、ゲームセンター、パチンコ店等娯楽施設のうち約6割が受動喫煙防止対策を実施していないこと、そして、これらの対策を講じていない施設の約7割が今後対策を進める予定がないことが判明しました。

また、同時に実施した「受動喫煙に対する県民意識調査」によると、飲食店等で受動喫煙があったとの回答が過半数を超えました。

法が施行されてから4年後（2007年当時）のこうした状況から、法に基づく施設管理者の努力義務や喫煙者のマナーだけでは受動喫煙防止措置の実効性を確保することは難しいことが明らかになり、これらの調査結果が、受動喫煙を規制するという重要な立法事実となりました。

◆立案（基本設計）段階──検討委員会の立上げ

こうした調査と並行して、県は条例制定に向けた意見交換を行うため「神奈川県公共的施設における禁煙条例（仮称）検討委員会」（以下「検討委員会」という）を設置し、規制対象・規制方法などについて話し合いました。検討委員会は、保険・医療の専門家、行政法学者、商工業・企業関係者、県内市町村の代表、県民代表から構成されました。

また、県民との意見交換の場として「ふれあいミーティング」を開催し、喫煙・受動喫煙についての基本認識、条例の必要性、条例の内容、条例制定による経済波及効果、たばこ税収への影響等について話し合いました。さらに、施設管理者、たばこ製造・販売事業者との懇談会も開催しました。

以上のような調査・検討を加えた結果、2008年4月に、条例の目的、関係者（県・県民・事業者）の責務、規制対象施設などを明記した「条例の基本的な考え方」を発表しました。

◆立案(詳細設計)段階——法律・市町村との調整

　県は「条例の基本的な考え方」に基づき、パブリックコメントを実施するとともに、知事は、「知事のウィークリー現場訪問」を通じて、規制対象としている飲食店やパチンコ店などの施設の現状を視察しました。また、県は室内の喫煙規制に取り組んでいる海外先進事例調査として香港とアイルランドの調査を実施しました。

(1) 憲法・健康増進法との論点整理

　「条例の基本的な考え方」の特徴は、「民間施設を含めて全ての公共的施設は全面禁煙、屋内全面禁煙とする」ことと「この条例の規制に違反した者には、罰則という強制措置を設ける」こととして、条例制定に関して主に次の3点を整理しました。

①　喫煙の自由(憲法13条)との関係

　喫煙の自由については、「憲法第13条の保障する基本的人権に含まれるとしても、あらゆる時、所において保障されなければならないものではない」(昭和45年9月16日最高裁判決)と判示されている点等を踏まえ、この条例は、喫煙全般を規制することではなく、受動喫煙を防止する目的を達成するために必要な限度、一定の施設において喫煙を規制しようとするものであると判断しました。

②　営業の自由(憲法22条1項)との関係

　商店内における喫煙を規制するためには、商店の「営業の自由」をどう扱うかという問題が生じます。

　営業の自由については、「その目的を達成するために合理的な関連性を有する範囲内であれば、その規制は許容される」(平成17年5月26日名古屋地裁判決)、「営業の自由に対する規制は…必要かつ合理的な規制である限りにおいて許される」(平成18年5月18日名古屋高裁判決)と判示されている点等を踏まえ、規制が必要とされる合理的な理由(目的)があるかどうか、また、その規制や手法・内容が目的を達成するために必要最小限度のものであるか否かという2つの点について条例案を具体化する中で対応することにしました。

③ 健康増進法の「上乗せ」との関係

　健康増進法は、受動喫煙防止措置を努力義務としているのに、条例がそれに「上乗せ規制」するのは許されるのかという点が争点になります。

　過去の判例によると、条例による規制が法令の規定と矛盾・抵触するか否かについて、法令の規定と同一目的の条例の規制をかけることに対しては、「法令の規定が全国一律に同一内容の規制を施す趣旨であるかどうか」を判断材料のひとつとしており、その法令が最高限度の規制を定めているか否かで判断するとしています。（徳島市公安条例事件［昭和50年9月10日最高裁判決］、98頁参照）

　また、健康増進法の立法過程の中でも、当時の坂口厚生労働大臣は、衆議院厚生労働委員会（2002年5月17日）において「努力義務ではあるが、まず、取り上げて、もう少し積極的に進めていきたい」旨の答弁をしています。

　こうした判例の動向や国会における審議を通じて、県は、法25条の「努力義務」規定は、最高限度の規制ではないもの、すなわちそれ以上の強い規制を条例にして明記することは可能と判断しました。

　なお、当時の舛添厚生労働大臣は、参議院決算委員会（2008年4月28日）において「神奈川県が条例で禁煙とする動きについて、注目していきたい」と答弁しており、国も神奈川県の条例制定の動向に対して関心を持っていたことが分かります。

（2）市町村との意見交換

円滑な条例制定を進めるとともに、条例制定後に地域と一体となって受動喫煙防止対策を進めていくため、県は条例制定の各段階で「市長会議」、「町村長会議」、「地域別首長懇談会」といった会議を利用し、市町村長に情報を提供し、意見交換を行いました。

　それを受けて、2008年9月から2009年2月までの間に14市町の議会から「小規模事業者への資金面での支援策」、「地域経済・税収への影響への懸念」、「県境問題」などの意見書が提出されました。

17 条例はどのように形づくられたの?
―受動喫煙防止条例②

　ここでは「受動喫煙防止条例」の制定過程（条例骨子案の作成から条例素案の修正まで）をみていくこととします。

◆まずは条例骨子案を作る

　県は、県議会の議論、事業者との意見交換、パブリック・コメントにおける1,700人を超える3,700件の意見などを踏まえ、「条例の基本的な考え方」の次の4点を変更し、2008年9月には「条例骨子案」をまとめ、公表しました。

① 　条例の趣旨目的を明確化するために、名称を「禁煙条例」から「受動喫煙防止条例」に変更しました。

② 　検討対象のすべての施設を原則「全面禁煙」としていましたが、施設の性質・利用実態に応じた規制にするため、対象施設を「第1種施設（官公庁・学校・病院など喫煙規制の必要性が高い施設)」と「第2種施設（飲食店やホテルなど「禁煙」か「分煙」か選択する施設」の2種類に区分することにしました。

③ 　実効性を確保するための措置として、喫煙行為自体は合法的行為であるため「懲役」「禁錮」等の行政刑罰ではなく、秩序罰である「過料」を科すことにしました。

④ 　社会意識の変化、喫煙率の推移、公共的施設における受動喫煙防止対策の進捗状況等の調査を実施し、条例施行後5年以内に条例を見直すことにしました。

◆次に条例素案を作成する

　県は、条例の骨子案についても、県議会での議論をはじめ、パブリック・コメント、市町村や事業者への説明、「県政モニター」に対するアンケート、飲食店・宿泊施設意識調査などを行いました。

　このころ、日本医師会からは「禁煙に対する声明文」が出されたり、WHO事務局長からメッセージが送られたり、また、WHOたばこ担当部長が神奈川県庁を訪問するなど、県外からも条例制定をバックアップする動きが見られるようになりました。

　この間、県では小規模事業者への影響、分煙をする場合の喫煙区域と非喫煙区域の比率、会員制施設の取扱い、宴会場等時間貸し施設の取扱い、罰則の額などが新たな課題とされ、条例のでき上がりイメージに近い「条例素案」作成に着手しました。ポイントは以下の点です。

（1）小規模事業者への影響

　小規模施設は、規模が小さければ小さいほど効果的な分煙方法をとることは難しく、事実上禁煙を選択せざるを得ないので、パチンコ店、バー等と同様、3年間は分煙か禁煙かの選択を猶予することにしました。

　また、小規模施設の範囲については、施設の物理的な状況、利用者の実態、店舗面積の分布状況を勘案して、店舗面積を100平方メートル以下の施設にしました。これは、県内飲食店の7割に当たり、結果的に、条例適用範囲を狭めることにつながってしまいました。

（2）喫煙区域と非喫煙区域の比率

　喫煙区域と非喫煙区域については、面積比を規制措置にするか、努力義務にするか、議論の対象になりました。規制措置とした場合、施設の構造的な制約から喫煙区域と同等以上の非喫煙区域をどうしても確保できないことも想定されることから、「非喫煙区域の面積は、喫煙区域の面積に比べ、おおむね同等以上にするように努める」ことという努力義務にすることにしました。

（3）会員制施設の取扱い

　喫煙者のみが喫煙を目的として利用する会員制の施設がある場合、会

員規約等により会員のみが専属的に利用し、不特定多数の者に受動喫煙が生じないと確認される場合には、知事の認定を受けて条例の適用除外にすることにしました。

(4) 宴会場等の時間貸しの施設の取扱い

宴会場等の時間貸しの施設の取扱いについては、非喫煙の宴会場と喫煙の宴会場を設けて施設内を分煙することにしました。その際、施設管理者は非喫煙の宴会場を喫煙の宴会場とおおむね同等にするように努める義務を負うことにしました。

(5) 罰則の額

条例で過料の対象とした違反行為は、「利用者」に対する「非喫煙区域での喫煙禁止違反」と「施設管理者」に対する「表示義務違反」、「未成年者保護違反」、「分煙措置違反」等に区分することにしました。地方自治法14条は、条例で定める過料の上限を5万円としていますが、横浜地方検察庁等関係機関と協議の結果、過料の額は、責任の軽重に応じて利用者個人に対しては2万円、サービス提供を業としている施設管理者に対しては5万円としました。

(6) 分煙施設設置のための支援

受動喫煙防止条例は、究極の目的が「公共的施設における全面禁煙」であり、分煙措置は激変緩和措置であることやすでに一部の事業者が屋内空間の全面禁煙や分煙に取り組んでおり、条例制定を契機に分煙を選択する事業者に対してのみ支援するのは公平性に欠くことから、分煙施設設置のための助成金という金銭面での支援を行わないことにしました。その一方で、事業者が条例に基づき、円滑に受動喫煙防止措置を講じられるよう、神奈川県として「情報提供」、「相談窓口の開設」、「技術的支援」、「事業者団体との連携」といった支援をしていくことにしました。

◆決定段階の作業──条例素案の修正

県議会に条例素案を示した2008年12月は、米国のリーマンショックの影響を受け、経済状況は回復の兆しが見られなかったという事情がありました。そのため、県民等に経済的負担を生ずる可能性がある規制には

慎重になったこと等もあり条例素案を次のように修正しました。

（１）特例第２種施設の規定

素案では、パチンコ店や100㎡以下の飲食店は分煙対策が難しいこと等から、施行後３年間は条例による規制を努力義務としていました。しかし、県議会から「３年猶予といっても施設の形状や賃貸物件であった場合には分煙するという選択肢はない」という意見が出され、修正案ではこれらの施設を「特例第２種施設」とし、条例による規制を努力義務とする一方、利用者と事業者の双方の意識の変化や受動喫煙防止対策の進ちょく状況を踏まえ、条例の施行から３年ごとに規制対象に含めるか否かを改めて検討することにしました。

（２）旅館等の宴会場

素案では、宴会場をそれぞれ「喫煙区域」と「非喫煙区域」に分けることとされていましたが、議会からは「宴会場がひとつしかない旅館への影響が大きい」という意見が出されました。そこで、修正案では、宴会場がひとつしかない場合には、施設全体で分煙基準を満たしている限りにおいて宴会場を独立した分煙空間としてみなして、利用者の意向を踏まえ施設管理者が「喫煙」又は「禁煙」を選択できることとしました。

（３）条例の見直し時期及び条例の施行日

素案では条例の見直し時期を５年、条例の公布後、周知期間と準備期間を設けていましたが、修正案では、たばこを取り巻く環境の変化が速いことを踏まえ、条例の見直し時期を「３年ごと」にし、周知期間と準備期間を区別せずに公布後１年で施行することにしました。

（４）猶予施設への未成年者の立入制限

素案では小規模飲食店等について３年間は規制の適用を猶予し、未成年者の立入りを制限していましたが、特例第２種施設について規制を努力義務にしたことに伴い、未成年者の立入制限も努力義務にしました。

（５）小規模事業者への支援、条例の周知徹底

議会からは、素案の修正に併せて分煙設備を設置する小規模事業者に対する融資・利子補給制度の創設、情報提供・技術支援等のサポートの開設とともに、条例成立後１年間は条例の周知徹底が要望されました。

18 条例はどうやって施行されたの?
――受動喫煙防止条例③

前項でみたとおり、「受動喫煙防止条例」が形づくられ、いよいよ県議会の審議となります。その決定段階から条例施行段階(罰則等実効性の確保)についてみていきましょう。

◆決定段階での議会の仕事――条例案提出から修正可決

県は条例素案を修正した後で、2009年1月に「県民タウンミーティング」を実施しました。このミーティングは、参加者が1,000人を超えるものとなりました。そして、県は2009年2月に受動喫煙防止条例案を県議会に提出しました。その結果、県議会からは、自民党・公明党・県政会の3会派から修正案が提出されました。

県議会の修正案は、①受動喫煙防止措置の実施を努力義務とした特例第2種施設の範囲を拡大し「ホテル、旅館やこれに類する施設を追加する」、②小規模飲食店を判断するための床面積の対象範囲を「事業の用に供する床面積」から「規則で定めるものの床面積」とする、③第2種施設については罰則を適用しないようにする等という内容でした。

このような県議会からの修正案をそのまま議会が可決してしまっては、条例本来の目的が達成されません。そのことを危惧した松沢知事は議案提案者と協議を申し入れました。その後、議会局から修正案に対する知事あての意見照会があり、議会修正案は多くの問題を持っている旨を松沢知事は回答しました。

県議会から調整案が示されない中で、議長応接室で主要会派の団長による懇談会が開催されました。そこに松沢知事と県幹部も同席し、議長からはあっせん案が示されました。その内容は、①ホテル、旅館等の取

扱いについて床面積の合計が700㎡以下の宿泊施設を特例第2種施設として加え、努力義務とする。②事業の用に供する床面積の合計から調理場を除いた面積が100㎡以下の小規模な飲食店を特例第2種施設として定め、努力義務とする。③飲食店や宿泊施設等の第2種施設に係る罰則規定の適用は1年先に延ばし、2011年4月1日からとするという内容でした。各会派の団長からは議長のあっせん案に対して異議は出されずに懇談会は終了しました。

議長あっせん案は、原案より規制がかなり後退したものでしたが、「受動喫煙の防止を進めることにより県民の健康を守る」という共通認識の下で、新たな第一歩を踏み出すことができたと評価できます。

そして、いよいよ受動喫煙防止条例案は、2009年3月に県議会の賛成多数により可決し、公布されました。

◆いよいよ条例施行段階へ──罰則・条例周知等実効性の確保

条例は施行されてすべてが終わるわけではありません。その後も周知、見直し作業等が行われます。

（1）条例の施行と見直し

受動喫煙防止条例は、規制対象施設を図表28のように分類し、県民や施設管理者への周知、表示や分煙設備の準備等を考慮し、公布から1年間の周知期間を設けて2010年4月から施行しました。なお、飲食店や宿泊施設等の第2種施設に関する罰則の適用は2011年4月からとしました。また、受動喫煙をめぐる社会環境の変化等を踏まえて、施行日から3年ごとに条例を見直すこととしました。

（2）罰則

条例では、罰則として喫煙禁止区域でたばこを吸った者は2万円以下、施設管理者が必要な義務を果たさない場合は5万円以下の過料の対象としました（条例23条）。

過料の対象は、以下の場合です。

- ○　施設の利用者が、喫煙禁止区域で喫煙をした場合
- ○　施設管理者が、県の立入調査を拒否などした場合

○ 施設管理者が、次の義務に違反し、必要な措置を講ずることを命じた県の命令に違反した場合
・禁煙又は分煙の措置を講ずる義務
・喫煙禁止区域へのたばこ煙の流出を防止する義務
・喫煙禁止区域からの喫煙器具類（灰皿等）の撤去義務
・条例措置の喫煙環境に未成年者を立ち入らせない義務
・受動喫煙防止措置に関する表示義務

図表28 規制対象施設の分類

施設区分	必要な措置	施設例	罰則適用
第1種施設	禁煙	学校、病院、劇場、映画館、観覧場、集会場、運動施設、公衆浴場、物品販売店、金融機関、公共交通機関、図書館、社会福祉施設、官公庁施設など	2010年4月1日
第2種施設	禁煙又は分煙を選択	飲食店、宿泊施設、ゲームセンター・カラオケボックスなどの娯楽施設、その他のサービス業を営む店舗（クリーニング店、不動産店、理容所、美容所、旅行代理店、法律事務所など）	2011年4月1日

※特例第2種施設（努力義務）
　○調理場を除く事業の用に供する床面積の合計が100㎡以下の飲食店
　○事業の用に供する床面積の合計が700㎡以下の宿泊施設
　○パチンコ店等「風俗営業等の規制及び業務の適正化等に関する法律」対象施設
※第2種施設で分煙を選択した場合には、喫煙禁止区域の面積を、公共的空間の面積の合計のおおむね2分の1以上にするように努めること。

（出典）神奈川県資料

　また、罰則とは別に、施設管理者が勧告に従わない場合は、違反施設の情報を県民へ提供するため、公共的施設の名称、所在地、違反事実等を公表することにしました。
　手続としては、施設管理者の義務に違反した場合、指導・勧告、命令を経て、過料処分の対象としました（図表29参照）。ただし、施設の利

図表29　施設管理者の義務

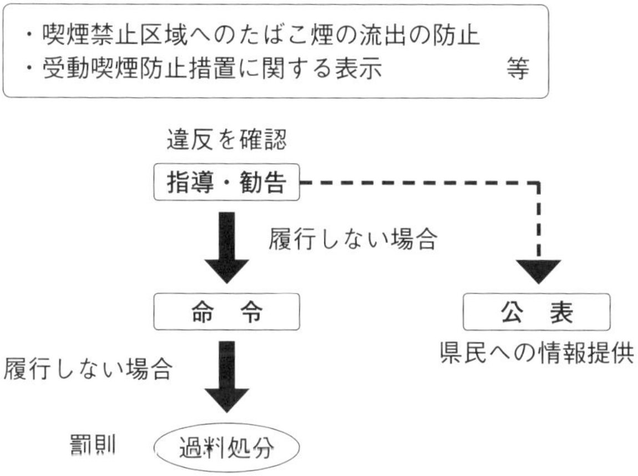

```
・喫煙禁止区域へのたばこ煙の流出の防止
・受動喫煙防止措置に関する表示　　　　　等
```

　　　　　違反を確認
　　　　指導・勧告 - - - - - ┐
　　　　　↓履行しない場合　　│
　　　　　↓　　　　　　　　　↓
　　　　命　令　　　　　　公　表
履行しない場合　　　　　　　県民への情報提供
　　　　　↓
　罰則　　過料処分

（出典）神奈川県資料

用者が喫煙禁止区域で喫煙をした場合、又は施設管理者が県の立入調査を拒否した場合などは、直ちに過料処分の対象としました。

（3）条例周知の取組み

　条例の円滑執行のためには、県民と施設管理者に向けた条例内容の周知が不可欠であるため、県では、2009年4月にたばこ対策室を設置して条例の制定以後、条例の周知と普及啓発に取り組んでいます。

　また、事業者団体を通じた説明会、各種イベントなどを利用してリーフレットなどを配布し、その場を借りて周知活動や個別の相談等を行っています。

　さらに、条例施行前から施設の戸別訪問をし、施設管理者への周知活動を行いました。神奈川県は2010年11月までに1万3,828施設を対象に抜き打ち調査をし、約85％が「適合」しているという結果が出ました。

（4）条例応援団・条例協力店・卒煙塾の取組み

　条例の普及活動を進めていく中で、条例の趣旨に賛同し、積極的に受動喫煙防止対策に取り組む事業者等から、条例を応援する取組みをしたいという申出があり、条例応援団及び条例協力店という取組みが始められました。

第3章　自治体政策づくりを事例で学ぼう！　117

「条例応援団」とは、条例の趣旨に賛同し、通常の事業活動の中で、条例を応援する取組みを行う企業・団体等が条例応援団宣言を行い、当該施設の利用者に対して条例の趣旨やスモークフリーを呼びかけるなどの取組みを行うものです。また、条例上の規制が努力義務となっている特例第2種施設のうち、自主的に第2種施設と同等以上の受動喫煙防止の措置を講ずる施設を「条例協力店」と位置付け、神奈川県がその取組みをサポートすることにしました。2011年2月3日現在、185店舗が条例協力店になっています。

　さらに、公益財団法人かながわ健康財団は、禁煙を身をもって経験した舘ひろし氏を塾長に招き卒煙塾を開講し、禁煙外来の説明や禁煙補助剤の使い方等を紹介しました。

(5) 他自治体への波及と今後の取組み

　兵庫県や京都府等で検討が始まり、東京都練馬区では、歩行喫煙等防止条例を制定したり、禁煙補助剤の購入補助を実施するなど、自治体による禁煙への取組みは、各地に波及しつつあります。

　今後は、広域的な取組みが必要なため、全国知事会、関東地方知事会議、八都県市首脳会議及び山静神サミットにおいて実効性のある法的措置を講ずるように国に要望するとともに、共同で啓発活動を行っていくとされました。

　以上みてきたように、受動喫煙防止条例は、健康増進法では不十分な規制領域について、全国に先駆けて条例化したものです。条例立案にあたっては、国内に参考事例等がないため、海外先進国に事例調査を行ったり、国際機構（WTO）・国・市町村レベルの調整、県議会・県民との話し合いを何回も行い、その都度修正を行うなど条例化に向けての時間的・財政的なコストがかなりあったことは否めません。

　しかし、首長がマニフェストとして掲げた内容を首長のリーダーシップをもって、トップダウンにより政策立案した一例として高く評価します。

　今後は、首長のリーダーシップにより、独自の政策条例にチャレンジしていく自治体が増えることに期待したいと思います。

19 地域課題はどのようにして条例になるの?
―建設発生土対策条例①

　ここでは、「神奈川県土砂の適正処理に関する条例」(以下「神奈川県土砂適正処理条例」とする)制定過程をボトムアップ型の条例制定過程として紹介します。

◆条例の契機は地域共通の課題から生まれた

　神奈川県では、1988年ごろから、県西、県北地区を中心に増加した建設発生土の不法投棄があとを断ちませんでした。当時、建設発生土は、一般廃棄物でも産業廃棄物でもないために廃棄物処理法の対象外であり、都市計画法、農地法、森林法等の個別法令による対応が限界であった上、一部の市町村で制定されたいわゆる残土条例についても市町村単独では十分な執行体制が組めないことや市町村域を超えて土砂が移動するための発生元を指導できないこと等が課題でした。

　1991年ごろに、旧城山町(現相模原市)葉山島で大規模な不法投棄が発生し、社会問題化したこともあり、1994年11月に県は「建設発生土処分場の立地に関する指導基準」を制定し、事業者へ適正な処分場建設を行うよう指導を行いましたが、不法投棄の対策としてなかなか効果をあげることができませんでした。

　そこで、抜本的な対策を検討するために、1997年2月に県は、副知事を会長とし県幹部から構成される「神奈川県建設発生土総合対策会議」(~1999年1月)を発足させました。こうして、「政策の窓」が開かれたのです。

　その会議では、「未然防止の段階」、「適正処理の推進」、「違法状態の解消」、「条例による規制の段階」に分けて検討が行われました。

◆建設発生土対策行政の目的と手段の特徴

　建設発生土対策行政の目的は、建設発生土の需給バランスを図り、埋立等の処分に当たって不適正な処理がなされないように措置することで土砂の発生抑制と適正な有効利用を図ることです。このような建設発生土対策行政については、政策立案段階において生じるであろう事態を全て予想することは難しく、執行過程において初めて課題を発見して、その対策を講じて目的を実現していくことになります。

　この執行活動は、目指す効果をあげることによって有効でなければならず、限られた資源でできる限り多くの効果を達成できるように効率的でなければなりません。執行機関にとっては、その状況に応じた方法の選択とその行使のあり方が問題になってきます。

　執行機関が手段とすることができるのは、①権力的手段、②情報の提供、③物理的制御、④経済的誘因の提供、⑤組織による対応の5つに分類することができ、これらを組み合わせることにより政策目的を達成できるということができます。

① **権力的手段**——法的な権限に基づき、対象者に一定の行為を義務付け、従わなかった場合、強制的に罰則を課すことで目的とする方向に誘導する方法です。

② **情報の提供**——一定の情報操作に基づいて、これからの行動を選択し、決定することに着眼し、一種の情報操作を通じて目的とする方向に誘導する方法です。

③ **物理的制御**——中央分離帯や進入禁止ゲートを設置することで、物理的に行動が行われる環境を変えることで対象者の行動を制御する手法です。

④ **経済的誘因の提供**——一定の行動を促したとき、そうすれば利益になり、そうしないと損をするような行動環境を操作する手法です。

⑤ **組織による対応**——何らかの組織として編成された人的・物的な能力を使って目的とする方向に誘導する手法です。

◆5つの手段を利用する段階的構造

　これらの5つの手段が、建設発生土対策行政にどのように利用されているか、「(1) 未然防止の段階」、「(2) 建設発生土の適正処理の段階」、「(3) 違法状態の解消」、「条例による規制の段階（次項）」に分けて考察しましょう。

(1) 未然防止の段階

　この段階では、安易に賃貸借契約を結んでしまい、予想もしなかったような残土が投棄されないよう注意を促すべく地主などにチラシを配布して周知するとか、河川敷や県営林道に不法投棄禁止看板を設置して、建設業界や地主などに指導・周知する「情報の提供」が行われます。また、山間部の林道など不法投棄が行われやすいところに不法投棄防止柵を設置したり、河川への車止めの設置・林道へのゲート設置等による車両の乗り入れ規制など「物理的制御」が行われます。さらに、建設発生土対策のための監視パトロール体制を構築した上で、道路監視、河川監視、林道・森林監視、自然環境監視など各個別法の監視体制と連携し、監視体制を許可する「組織による対応」が行われたのです。現在も県の中心に位置する技術管理課厚木南駐在所に建設発生土監視担当を配置し、担当が定期的パトロールを行うことで、無許可埋め立て（不法投棄）等を早期に発見し、すみやかに現場対応できるようにしています。

(2) 適正処理の段階

　建設発生土の適正処理を行うためには、建設発生土の再利用・再生利用の促進・処分場を確保がすることが必要です。

　第一に、建設発生土の再利用です。

　建設発生土の需給情報の収集、提供システムを整備し、情報管理の一元化を図り、つねに適正処理先、処分先を把握できるように発注者や元請負人等に対して「情報の提供」を行い、土地区画整理事業等の公共事業間での流用による有効活用の促進及び運転者等に対する処分先の指定等適正処理の円滑化を図ることが考えられます。また、需給時期の調整が難しい民間工事間の再利用を促進するため、ストックヤード（一時置

場）を整備することが考えられます。これは、「情報の提供」と「経済的誘因の提供」です。

　第二に、再生利用の促進です。

　建設発生土を土質改良プラントで改良（砂質土化・固化等）して、管等埋設工事（上下水道、ガス、電線など）の埋戻し材として再利用するほか、泥土を路床材や盛土材として再利用することです。こうした再生利用の促進のために必要な土質改良プラントの建設費用に対する低利融資制度や利子補給制度が考えられます。これは「経済的誘因の提供」です。

　第三に、処分場の建設です。

　県が、円滑な経済的な活動の維持、建設発生土の適正処理を促進するために必要不可欠であることから民間処分場建設に対して低利融資制度・利子補給制度を創設することや公共機関の建設発生土処分場を開設し、民間建設発生土の受け入れを行うことが考えられます。これはつまり、処分場建設に対する「経済的誘因の提供」が行われています。

　第四に、国・県・市町村が一体となって建設副産物（建設発生土、建設汚泥、コンクリート、アスファルト塊など）の再利用・再生利用を促進するために、建設発生土副産物連絡協議会を設置して「組織による対応」を行っています。

（3）違法状態の解消の段階

　まずは、不法投棄を行っている者に、指示や命令の内容を理解してもらい、自発的に行動をやめてもらうようにするため、口頭・文書による行政指導、指示・命令を行います。あくまでも相手方の協力に基づくものであるため、この段階の「情報の提供」は確実かつ有効な手段になっていません。

　また、建設発生土そのものを取り締まる法律がないため、土砂を用いて土地を埋め立てたり盛土をしたりすることについては、その行為が土地の区画形質の変更にあたることから、従来から都市計画法、宅地造成規制法、森林法、農地法、自然公園法、自然環境保全条例などの土地利用に関する法や条例で規制してきましたが、それぞれの法の趣旨に基づ

き、規制範囲が限られていたり、対象としていないなど土砂処理に関して十分なものではありませんでした。

　このため、法律の空白部分を埋めるため「権力的手段」としての条例による規制が必要になり、条例制定を検討することになりました。刑罰としては、より重い刑罰である「不動産侵奪罪」（刑法235条の2）を適用するといった「権力的手段」が考えられました。不動産侵奪罪で告発、逮捕された例として、神奈川県城山町の国有林に大量の土砂を不法に搬入した者に適用した件があります。（神奈川新聞、1995年11月20日）

　さらに、地区土砂不法投棄連絡会議などで、県・市町村・警察などが連携協力して、不法投棄を発見した機関が「いつ、誰が（不明な場合もある）、どこに（地図に場所をプロット）、どのような規模の建設発生土を埋めたか」等について調査票にまとめて、関係機関が相互に情報交換し、対応策を検討する「組織による対応」が行われました。こうした地域における関係機関が一枚岩になって不法投棄者に対応することで、監視の目になり有効な解決手段になると考えられたのです。

20 条例はどういった過程で整備されたの?
―建設発生土対策条例②

　ここでは、神奈川県土砂適正処理条例の制定過程でどのような法的検討がなされたのかを中心に学びます。

◆条例の制定過程での検討点

　神奈川県では、1997年7月に行政法及び衛生工学等の学識経験者を委員とする「建設発生土条例研究会」を設置し、建設発生土に関する条例制定の可能性、条例化にあたって解決すべき規制手法等の検討を行い、1998年3月には建設発生土条例研究会報告書をまとめました。実務的な検討については、関係職員で構成される「建設発生土総合対策会議法的整備部会」を設置し検討を行いました。

　検討にあたっては、1997年7月15日に「千葉県土砂等の埋立て等による土壌の汚染及び災害の発生の防止に関する条例」(以下「千葉県条例」とする)が制定されたことや神奈川県県内で1997年4月1日現在ですでに、14市町(5市9町)で対象条例が制定されていたこともあり、これらの先例条例を参考にしながら、条例案が検討されました。主に検討された項目は以下の点です。(北村(1999)参照)

(1)関係法令との関係

　一般に国の法令で規制されていない領域については、条例で制定できます。さらに、国の法令と条例が同一の目的に立つものであっても、法律が全国一律に同一内容の規制をする趣旨ではなく、それぞれの自治体において、その地方の実情に応じ別段の規制を行うことは容認する趣旨であると解されるときも、当該条例が違反するという問題は生じないと判断しました。(徳島市公安条例事件〔昭和50年9月10日最高裁判決〕、

98頁参照）

　建設発生土についての法律上の規定は、当時次のような状況でした（図表30参照）。

　建設発生土は、廃棄物と混同される場合もありますが、「廃棄物の処理及び清掃に関する法律」（廃棄物処理法）の解釈では、土地造成等の材料として使用される有用物であり、廃棄物ではないとされており、廃棄物処理法の対象外でした。

　また、建設発生土を規定した法律としては、当時、「再生資源の利用の促進に関する法律（リサイクル法）」がありましたが、リサイクル法も建設発生土の有効利用を推進することを目的としており、建設発生土が不要物として投棄されることを想定して規制していなかったのです。

　さらに、都市計画法、農地法、森林法などの土地利用規制に関する法律も建設発生土そのものを対象としていませんでした。

　例えば、都市計画法では、建築物や工作物の設置を目的とした区画形質の変更を許可の対象としているため、建築物等の設置を目的としていない土地の造成（区画形質の変更）については、許可は不要です。

　同様に、宅地造成等規制法では、宅地造成に伴い崖崩れ又は土砂の流出を生ずるおそれの大きい市街地又は市街地になろうとする土地の区域を宅地造成工事規制区域として指定し、この区域内で宅地造成を目的とするものについて規制の対象としているため、区域内であっても宅地の造成を目的としない盛土等は許可が不要となります。

　また、森林法では、地域森林計画の対象となっている民有林において1haを超える土地の形質を変更する開発行為を行おうとする場合には許可を要していましたが、1ha以下の開発行為については市町村が窓口となる伐採届出だけであり、その盛土の構造等についての審査も行われていませんでした。農地法においても、農地に盛土等を行う場合や農地を農地以外のものに転用する場合は届出又は許可を要することとしていますが、盛土の構造等については、許可の要件としていません。

　このように建設発生土について規制している法律がないため、条例制定は可能であると判断しました。

図表30　土砂の不法投棄に係る関係法令の一覧

法令	制度	対象土地	土砂投棄の対象行為
都市計画法29条	開発許可	都市計画区域	建築物または特定耕作物の建築を目的とした区画形質の変更
宅地造成等規制法8条	工事許可	宅地造成工事規制区域	宅地以外の土地を宅地にするため、または宅地において行う土地の形質変更
農地法4条・5条	転用許可	農地（現況）	農地を転用する行為
農業振興地域の整備に関する法律15条の15	開発許可	農振農用地	農用地区域内の開発行為
森林法10条の2	開発許可	地域森林計画民有林	1haを超える開発行為
10条の8	伐採届	同上	立木の伐採
34条②	行為許可	保安林	立木の伐採、土地の形質を変更する場合
自然公園法17条・18条・20条	行為許可	国立公園特別地域 国定公園特別地域	木々の伐採、土地の形状の変更
	行為届出	国立公園普通地域 国定公園普通地域	土地の形状の変更等
県自然公園条例12条・14条	行為許可	自然環境保全地域特別地区	土地の形質変更等、木竹の伐採
	行為届出	自然環境保全地域普通地区	土地の形質変更
首都圏近郊緑地保全法8条	行為届出	近郊緑地保全区域	土地の形質変更
都市緑地保全法5条	行為許可	緑地保全地区	土地の形質の変更
河川法24条・26条・27条・55条	占用許可	河川区域内の土地	河川区域内の土地の占用
	形状変更許可	河川区域内の土地	河川区域内の土地の盛土他土地の区画形質の変更
	形状変更許可	河川保全区域内の土地	河川保全区域内の土地の盛土他土地の区画形質の変更
海岸法7条・8条	占用許可	海岸保全区域	海岸保全区域内の土地の占用
	行為許可	海岸保全区域	海岸保全区域内の土石採取、土地の掘削、盛土、切土
港湾法37条	占用許可	港湾区域内水域または公共空地	港湾区域内の水域または公共空地の占用
	行為許可	港湾区域内水域または公共空地	港湾管理者の長が指定する廃物の投棄（廃物とは、汚水、残さい、残土など）
道路法43条	禁止行為	道路	道路に土石等のたい積
国有財産法9条	公共用財産の用途廃止・付替承認	国有財産	公共用財産（里道、水路等）の用途廃止または付替（埋立等に伴いその必要性を生じるもの）
刑法235条の2	不動産侵奪罪		他人の不動産を侵奪した者

（2）県条例と市町村条例との関係

　1990年ごろから大規模な埋め立てが行われ、土砂の崩壊、流出等により住民の生活を脅かす事例が多発するようになったため、このような埋め立てが多発している市町村では、いわゆる「残土条例」を制定し、

500㎡以上の土地の埋立て等を許可制として土砂の不法投棄に対応し、一定の成果を上げていました。

しかし、市町村条例については次のような一定の限界があります。

第一に、建設発生土の移動が広域的であるため、県と市町村を比べれば、全県的に対応した方が建設発生土に関する経済活動の全体がとらえやすくなります。

第二に、県警察と密接な連携が図れる等、県の方が充実した執行体制を有しています。

第三に、市町村ごとに規制内容が異なると統一した対応がとれないため、同じ内容の条例を隣接する市町村が時期を同じくして制定する必要があること。これは河川管理や景観管理等の行政分野では先例がありました。

こうした市町村条例との関係については、県条例施行以前に市町村条例が制定されていたことを踏まえ、また、地方自治を尊重する観点から、土砂の適正処理を推進する上で、支障がない限り、県条例の適用を除外することとしました。

(3) 目的

当時、千葉県条例及び神奈川県内14市町の条例が、「災害発生の防止」と「自然環境・環境（生活・自然）保全」を重要な保護法益として目的規定に置いていることから、この２つの保護法益を神奈川県条例の規制目的としておくことも選択肢の１つでした。千葉県条例が土壌汚染防止を目的にしたのは、残土がおかれた場所などから六価クロムや水銀が検出されたという特殊事情があったからです。

もう１つの視点として、神奈川県が全国的に多量の発生土を排出している点と広域自治体として県が条例を制定するという点から、市町村条例では規制をすることが難しい建設発生土の流れに着目して、土砂の発生抑制、発生土の有効活用、適正な有効利用の促進を目的におくことにしました。

その結果、土砂の搬出、搬入、埋立て等について必要事項を定め、土砂の適正な処理を推進し、「県土の秩序ある利用を図る」とともに

「県民の生活の安全を確保する」という目的にすることにしました。神奈川県の目的と千葉県条例等を比較した場合、後者は、規制対象を埋立行為者だけとしている点で異なります。

(4) 土砂の搬出（処理計画の作成等）

　建設発生土を場内処理していれば、条例の目的である「発生抑制」、「有効利用」、「適正処理」という趣旨に則して発生土は処理されており、環境への影響は生じません。

　建設発生土を場外処理したとしても、受け皿である処理場所が適正であれば問題がないので、工事の全過程を把握できる元請業者に対して、搬出した発生土の搬入先や有効な利用が行われているかについて確認を行わせることは可能です。建設発生土が再利用されずに不適正処理になるかどうかについて、処理過程全体を把握できるのは元請業者です。

　そこで、具体的な手段としては、元請業者に対して建設工事から発生する発生土の処理計画の提出を義務付ける方法と廃棄物処理法で義務付けられているマニフェスト（移動管理票）の交付・回収・保管の義務付けの方法を建設発生土においても導入する方法が考えられました。

　マニフェストは、県外の元請業者に義務付けを行うことはできませんが、県内の工事から発生する発生土の処理手段として活用するには有効です。しかし、発生土が県を越えて広域的に流通していることを考えると、マニフェストを1県だけで義務付けることは一定の限界がありました。

　建設発生土を場外で処理する場合に処理計画書を提出させれば、発生土の有効利用や適正処理について考慮するであろうし、発生を抑制しようとするインセンティブも働くとも考えられるので、発生抑制の効果も期待できます。産業廃棄物も各自治体の行政指導で同様の計画を提出させていたので、建設発生土について処理計画書を提出させることは可能であるとしました。

　こうして条例上は、建設工事又はストックヤードの区域から500㎡以上の土砂を搬出する場合は、建設工事の元請負人又はストックヤードの設置者は、土砂の処理計画を作成して、知事に届け出なければならない

ことにしました。その上で土砂の搬出を完了した場合は、知事に届け出なければならないこととし、不適当な処理が行われた場合は国土利用計画法等と同様に、処理計画の内容が土砂を適正に処理する上で適当でないと県が認めるときは、届出者に対して勧告できることとしました。

（5）土砂の搬入（土砂の埋立行為）

　千葉県条例及び14市町の条例などすでに制定されている条例が、土砂の埋立行為を許可制にしており、これらから法令上の疑問を生じることはないと考え、許可制を採用することにしました。

　許可制を採用すると、許可基準を明示しなければならないので、県内市町条例と同様に事業の安全性確保や環境負荷抑制を中心に基準を設定しました。

　千葉県条例は、原則として全ての建設発生土について土壌検査を義務付けていますが、神奈川県では土壌が汚染されている可能性が高い有害物質の使用地は生活環境保全条例で規制されていることもあり、神奈川県の不法投棄の事情に照らして許可基準には盛り込まなかったのです。

　条例上は、土砂埋立行為を行おうとする者で、2,000㎡以上の土砂の埋立て、盛土その他の土地への土砂の堆積を行う場合は、知事の許可を受けなければならないとしました。

（6）土砂搬入禁止区域

　土砂埋立行為が行われている土地における土砂の崩壊や流出等の災害発生を未然に防止し、県民生活の安全を確保するため、現に土砂埋立行為が行われている土地とその周辺の土地に土砂の搬入を禁止する必要がある場合、その区域を「土砂搬入禁止区域」として指定することができる新たな規制手法を導入することとしました。

　不法投棄地を土砂搬入禁止区域に指定し、違反者に罰則や原状回復命令を課し、区域を明示することについては、地権者が搬入や投棄に同意している場合もあるので、そのような手法が条例による財産権の侵害に該当するか検討することにしたのです。憲法29条2項は、「財産権の内容は、公共の福祉に適合するやうに、法律でこれを定める」と規定していますが、奈良県ため池条例事件の最高裁判決（昭和38年6月26日）

は、「危険の防止を目的とするため池の堤防の使用禁止」を合憲としており、この判例を前提にすれば、少なくとも搬入による災害発生の危険や周辺住民の環境に著しい影響がある場合について、禁止区域指定を条例で規定し、財産権を制限すること自体は合憲として判断しました。

(7) 条例の実効性の確保 (罰則)

無許可埋め立てを行った者に対して地方自治法が認めている罰則の最高限度（2年以下の懲役又は100万円以下の罰金）を科すことにより、罰則の弱い他法令の実効性を補完するとともに無許可埋め立てに対する抑止効果を確保することにしました。

これらの検討を経て、いよいよ条例案は、1999年1月28日に開催された第6回神奈川県建設発生土総合対策会議で承認されました。そして、同年2月、神奈川県議会定例会に提案された結果、同年3月に成立・公布、10月1日に施行されました。併せて、神奈川県土砂の適正処理に関する条例施行規則が同年8月17日に公布され、10月1日に施行されました。

◆条例は施行後改正される

条例は、施行されたあとにも改正されます。

2002年11月に旧津久井町（現相模原市）青野原で発生した土砂埋立許可地における土砂崩落を契機に、県は、条例の抜本的な見直しを行いました。

横浜市の水源である津久井町道志川で、民間事業者の残土埋立地から大量の土砂が流出した問題で、がけ下に崩れる危険のある土砂の整地や土砂の除去などを命じた措置命令に従わなかった業者に県が代執行処分を行いました。

県による行政代執行の費用は約9,400万円に上り、県はこの業者への請求を文書で通知すると同時に、埋め立て許可の取り消しを行いました。

この事例を契機に、土地所有者等の同意と行為者の資力、信用及び施工能力を許可基準に加え、神奈川県土砂適正処理条例は2004年3月31日付けで改正しています。

さらに、条例の施行状況を把握し、条例制定時の趣旨に立ち返って検討を加えるために、神奈川県の全庁レベルで「神奈川県条例の見直しに関する要綱」が2008年4月1日に施行されました。これを受けて、県は①土木事務所への意見照会・土木事務所担当者会議、②市町村の土砂不法投棄担当者による会議での意見照会、③他県の類似条例の状況をみながら、条例の必要性、有効性、効率性等から条例の見直しを行いました。その結果、神奈川県土砂適正処理条例については、条例改正の必要性はないと判断しました。「知事は、平成21年4月1日から起算して5年を経過するごとに、この条例の施行の状況に検討を加え、その結果に基づいて必要な措置を講ずるものとする。」という条項が条例附則5に加えられました。
　最近では、許可を受けた者が、一度許可された事実を盾に指示に従わない事例が出てきており、県が土砂の崩落や流出等の危険があると判断し、防災工事を行うように措置命令を発する等、再三指導を行っても従わなかったことから代執行を行う事例（2011年1月14日神奈川県相模原市緑区）も出てきました。
　このように土砂が崩落したり、流出するような重大な違反事例が多発してきたことから、神奈川県は違反行為の再発を防止するため、事業者に対する指導の徹底、組織体制の強化を図り、神奈川県土砂適正処理条例の改正を2012年7月に行い、同年10月1日に施行しました。条例改正にあたっては、専門家からの意見を聞くとともに、条例改正の骨子案を県議会や県民に示して意見を募集しながら、素案として事前に県議会に提示した上で、条例案を議会に提出し、成立させました。
　このときの主な改正点は（1）～（4）の4点ですが、土地所有者への規制強化を中心に行ったものといえます。

（1）事業者に対する規制の強化
　①　土砂の埋立行為を行っている間の許可を受けたものが行う定期的な報告を6カ月から3カ月ごとにし、定期的な報告を充実させました。
　②　土地所有者が許可を受けた内容を把握できるように土地埋立行為の許可を受けた者は、土地所有者に対して許可内容を書面で通知する

ことが必要になりました。
（2）土地所有者への規制強化
　土砂埋立行為が行われている土地の適正管理を求めるため、土砂埋立行為等に同意した土地の所有者に対しては3つの義務が課されました。
　① 確認義務
　　土砂埋立行為の施工状況について、少なくても3カ月に1回確認するよう要請しました。
　② 報告義務
　　実際に行っている土砂埋立行為が許可を受けた内容と明らかに異なる場合には、速やかに知事に報告することにしました。
　③ 通報義務
　　土砂の崩落、流出等の災害が発生（するおそれがあること）を知ったときは、速やかに知事に通報することにしました。
　土砂埋立行為者が措置命令を履行せずに、土地所有者が①、②の義務を果たさなかった場合には、土砂の埋立行為者に加えて、土地所有者も勧告・措置命令の対象になりました。さらに、措置命令に違反した土地所有者への罰則規定を設け、6カ月以下の懲役または50万円以下の罰金が違反者に科されることになりました。
（3）周辺住民及び市町村との連携
　① 周辺住民への申請前の説明会の開催の義務付け
　　土地埋立区域の境界線からの水平距離50m以内の土地もしくは建物所有者または当該建物に居住するものは、申請前日までに説明会を開催することが必要になりました。
　② 市町村との連携・協力について規定を設け、明確にしました。
（4）適正な土砂埋立行為の遂行の確保
　① 資力・信用等の審査の強化
　　小規模な土砂埋立行為の許可申請でも資力及び信用の審査を行うことにしました。
　② 措置命令を受けた者の氏名等を公表できるようにしました。

◆条例の様々な特徴

条例の制定過程をまとめると以下のような特徴があります。

（1）建設発生土総合対策の一部としての条例制定

神奈川県土砂適正処理条例を建設発生土総合対策（政策）の一部に位置付けており、条例制定を政策手段の一部として明確に位置付けている点です。

（2）建設発生土総合対策会議は副知事トップの意思決定

建設発生土総合対策会議は、現場の課題設定から検討が始められたこともあり、会議の会長は、政治家である知事ではなく、職員出身の副知事をトップにして検討が進められ、決定されました。これは、ボトムアップ型の意思決定の特徴の1つといえます。

（3）学識経験者と実務家による検討

建設発生土条例研究会における専門家による検討と建設発生土総合対策会議法的部会での実務者による検討という2つの研究会で並行して条例の検討が行われました。

（4）先行条例との比較検討（相互参照）

先行して施行された千葉県条例や神奈川県内の14市町が制定した条例と比較検討、相互参照しながら神奈川県土砂適正処理条例の検討を行いました。

検討に当たっては、単なる模倣をするのではなく、千葉県条例を制定することになった原因を比較分析し、千葉県条例とは違った条例目的・条例スキームを設定することや土砂搬入禁止区域といった新たな規制枠組みを設定しました。また、市町条例と違う都道府県条例としての特徴を盛り込むことなど、神奈川県としての独自性を盛り込むことを前提に検討を行いました。

（5）立法評価

神奈川県土砂適正処理条例は、施行後も時代に合った条例になっているか見直しを検討しており、定期的に条例が適正なものになっているかどうかといった、適時性確保についても配慮されています。

21 市民参加による予算編成・補助金交付決定とは?

　条例や総合計画には一般にパブリックコメント等のような意見集約の仕組みがありますが、他方、予算に関しては、市民参加の途は開かれていませんでした。そこで、従来、ブラックボックスで行われてきた予算編成・補助金交付決定に対して、市民参加手続を導入して透明化させた千葉県我孫子市の事例を紹介します。

◆予算編成過程はこうなっている

　一般に、自治体の予算編成は、政策的経費と経常的経費を財政課が中心となってとりまとめて予算審議しますので、自治体の権力が集中しているといわれます。

　我孫子市の予算編成の場合は、新規事業等からなる政策的経費とそれ以外の経常的経費に分けて予算審議が行われています（図表31参照）。

（1）中期財政計画・編成方針・経常的経費の予算編成

　予算審議の前提となる収支見通し、予算編成方針、要求基準は、財政課が中心となって作成しています。財政課は、将来的な収支見通しについて、中期財政計画（平成22～24年度）を作成し、市の現在及び将来にわたる財政の姿や運営上の課題を明らかにした上で、これを総合計画第5期実施計画の財源の裏付けになるものとして位置付けています。

　この中期財政計画は、景気動向や国の制度改正に伴って変動する税収等を的確にとらえ、新たに発生する行政需要に対応するため、毎年度の見直しを行っています。

　また、財政課は、中期財政計画、総合計画第5期実施計画の内容及び前年度の決算状況を踏まえた上で、国の概算要求（8月31日締切）、市税

収（固定資産税・個人市民税）といった歳入面の状況、社会保障費、人件費（退職手当、人事院勧告等）等の歳出面の状況を勘案して、毎年度「予算編成方針」を作成しています。

予算編成方針が、10月上旬に庁議において決定されると、財政課は全課を対象に説明会を開催します。経常的経費については、財政課に予算要求が行われ、財政課長（担当職員）が各課の課長以下の職員に対してヒアリングを行った後で予算額を決定します。

（2）総合計画・運営方針・政策的経費の予算編成

財政課による経常的経費の予算編成と並行して、企画課が中心となって部の運営方針及び総合計画第5期実施計画の追加調整を行い、所属長を対象としたヒアリング、部長を対象とした市長ヒアリングをします。ヒアリング終了後に、市長により部の運営方針が承認されます。

その後、各課は、企画課に対して事務事業評価表を提出するとともに、政策的経費の要求を行い、企画課長が各課の課長以下の職員に対してヒアリングを行います。

政策的経費（新規事業）の採択については、事業の必要性、市民団体等との協働の工夫、財源確保の工夫などの視点から事業採択の優先度をA、AA、AB、B、Cの5段階に分類しています。優先度によるランク付け及び事業費の査定は、第1回と第2回は企画財政部が精査し、第3回及び第4回は市長が入り、最終的に市長が決定します。

我孫子市は、予算編成過程の透明化を図るために、12月上旬から1月上旬にかけて、市民からの意見募集（パブリック・コメント）を実施し、市民から出された意見とそれに対する市の考え方をまとめて公表することで、市民への説明責任を果たしています。

この意見募集を経て、最終的な財政収支見通しに伴う財源更正など修正を行った後に、市長は、政策的経費・経常的経費の内示を行うとともに、議会に対しても予算懇談会（会派説明会）を通じて事前説明を行います。そして、最終的に3月議会に議案を提出することになります。

◆前例がなかった補助金交付制度改革

我孫子市では予算編成のみならず、補助金に対しても外部の視点を取り入れることで、手続きを透明化する試みを行っています。

（1）補助金等検討委員会の導入

我孫子市では、既得権や前例にとらわれないで、客観性と公平性を確保し、時代に適した新規事業に効果的な補助を実現するために、すべての補助金を白紙に戻し、第三者機関による審査制度を経て決定するという取組みを2000年度から導入しています。

審査対象は、①市民・市民団体が要望する市単独の「公募補助金」と②市が単独で制度化した「施策的補助金」であり、③国・県で制度を定めている「上位制度の補助金」については庁内組織が審査することにし

図表31　我孫子市予算編成スケジュール

	政策的経費（第5期実施計画等） ＜企画課＞	経常的経費＜財政課＞
10月上旬	運営方針等　庁議決定	収支見通しと予算編成方針等 庁議決定
	事務事業担当者説明会（運営方針、事務事業評価表　等）	全課対象説明会（収支見通し、予算編成方針　等）
10月中旬		経常的経費の要求
10月下旬	部の運営方針の承認	
11月上旬	事務事業評価の提出	
	政策的経費の要求	
11月中旬		経常的経費のヒアリング
11月下旬	政策的経費のヒアリング	
12月から1月上旬	パブリック・コメント	
1月中旬		収支見通し修正 中期財政計画案（素案）策定
	政策的経費（実施計画）内示	経常的経費内示
1月下旬	予算懇談会（会派説明会）	
2月中旬	政策的経費事務事業評価表提出	経常的経費事務事業評価表提出
2月下旬		中期財政計画案策定
3月	市議会での審議（本会議・常任委員会・予算委員会）	

ています。

　「公募補助金」は、営利を目的とせず、市民生活の向上・市民の利益につながる公益的な活動で、市内に在住・在勤及び在学する5人以上で構成され、活動拠点が市内にある団体を対象としています。

　補助金交付期間は3年間とし、4年目は再審査することになります。補助金等検討委員会の委員は、①市内団体に属していない等「客観的に判断できる立場にいること」、②学識経験者・行政経験者（我孫子市OBを除く）・市民で構成され、③男女比が半数程度の構成となっています。

　審査は、①時代度、②実現・目標達成度、③創造性・独創性、④我孫子らしさの4項目について、各委員が採点し、それを基に全員協議により「問題なく交付すべき」等4段階の評価に意見を付けて、提言書としてこれを市長に提出します。

（2）公開ヒアリングの実施

　提言書で評価の低かった団体は、補助金の必要性を説明する場として、「公開ヒアリング」の機会が与えられています。その際、文書によるPRや意見も同時に受け付けています。ヒアリングは補助金等検討委員会ではなく、市職員が行い、その結果をとりまとめます。

　最終的には補助金等検討委員会の提言書と公開ヒアリングの結果を基に市長が採択します。過去には補助金等検討委員会では不採択とされた要望が、公開ヒアリングで復活したケースもあります。

（3）成果

　2006年度における公募補助金をみると採択率は約7割、既存補助金の不採択は約4分の1、新規公募分の採択率は約6割となり、補助事業の廃止整理の新陳代謝が行われました。また、市民団体が申請する補助金は事業活動収入見込み額の50％を上限としたため、補助総額は減少しました。

　この一連の取組みをみると決定過程をオープンにして、市民参加による予算編成・補助金交付決定を行い、市と住民との間に双方向関係（応答関係）を構築できたことで、市政に対する市民の納得の度合いが高められたと思います。

22 公共事業の合意調達と説明責任とは？
―公共用地買収①

　政策を実現していくためには、様々な利害を調整して、合意調達する必要があります。そして、合意調達するとともに政策の正統性を様々な利害関係者に説明しなければなりません。ここでは、政策執行過程の中で、様々な関係者が関与する公共用地買収を例にとり、合意調達と説明責任の視角から論じることにします。

◆利害関係者の関与と政策執行過程をみてみよう

　具体的な例に入るまでに政策執行過程における利害関係者とのかかわりをみていきましょう。

（1）政策と執行過程

　政策とは、政府の行動の案にすぎず、これを現実に当てはめようとするプロセスでは様々な問題が生じます。例えば、ある規制政策を実施しようとする場合に、被規制者や周辺住民等から予期しない抵抗を生じることがありますし、補助金等の給付行政を施行しようとする場合に政府内部の調整がつかないために人員や予算が確保できずに事業を中止せざるを得ないこともあります。このような執行過程において生じる事態について、政策をつくる段階では全てを予想することは難しく、執行過程において初めてこれらの課題を発見し、その対策を講じて解決し、そして政策の目的を実現していくことになります。

　とりわけ、政策の実現に当たり、利害を有する者の合意を得て、またその反対を緩和して政策を実現することは執行過程になくてはならないプロセスです（合意調達の必要性）。

　また、執行過程においては、ただ政策の目的が実現されればいいとい

うのではなく、どのような方法や手続で、またどれだけのコストを支払って実現されたかといった政府の説明責任も大切です（説明責任の重要性）。

（2）政策執行過程と合意調達

政策を実現していくには、様々な関係者の利害を調整し、それらの合意を確保する必要があります。もちろん、規制行政などは政策自体に相手方の合意を要せずに、むしろ抵抗があっても実施しなければなりませんが、そのような執行活動でも執行のコストやリスクを抑えるためには、できるだけ多くの関係者の理解を求め、抵抗を解消するか又は弱める工夫をしていくことになります。

こうした合意の確保は、政策の対象者だけでなく、政策を執行することによって直接・間接に影響を受ける者の合意をも必要とします。さらに、住民や一般市民といった公衆から理解や協力を得ることも必要になってきます。というのは仮に直接の執行機関としてこれらを無視できたとしても、こうした関係者が政策の実施に反対すれば、それが政策の中止や変更に至る大きな要因になりうるからです。

こうした合意調達の手段としては、対話、手続のルール化、交渉、取引などを考えることができますが、どのような情報提供の仕組みをつくるか、その前提として政策をいかに実施していくかについて考えていく必要があります。

（3）政策執行過程と説明責任

自治体は、公共性を実現していくためには、政策形成過程のみならず、政策執行過程の中でも説明責任を果たさなければならず、何らかの応答関係を構築しなければならないのです。そして、説明責任（アカウンタビリティ）の内容と手続については、以下のように述べることができます。

第一に、「何についての説明責任か」について内容が問われなくてはなりません。

第二に、「その事業が公共目的に合致しているかどうか」という目的における公共性（合理性）に関する説明です。例えば、道路建設の場合

であれば、そもそも道路をつくる必要性があるのかといった道路の必要性に関する説明がそれに当たります。

　第三に、「少ないコストで多くのベネフィットを生んでいるかどうか」、効率性の説明です。例えば、道路建設の場合、どのくらいの予算で道路建設ができるのかに関する説明です。

　第四に、「同じコストで、どれだけの目的が達成できるか」、すなわち有効性に関する説明です。例えば、どのくらい交通渋滞が緩和されたかに関する説明です。

　第五に、「関係者の事情に応じて、不平等に対応することがないこと」の説明、すなわち公平性に関する説明です。例えば、道路建設に当たって特定の住民に対して偏った利益や不利益を生むものではないといったことの説明です。

　第六に、「法律や規則に準拠しているかどうか」、すなわち合法性に関する説明です。例えば、どのような根拠に基づき道路建設が行われているかに関する説明です。

　次に、説明責任を果たす手続も問題となります。道路建設を例にすると、広域道路網計画の策定段階、都市計画決定手続、事業（用地買収）説明会、用地交渉の段階など、様々あり、自治体はその段階に応じた説明の責任を負うのです。

（4）政策執行過程における合意調達・説明責任との関係

　政策を執行し、目的を実現していくためには、合意調達が必要であり、そのためには執行機関の説明の内容や方法は極めて重要な意味を持ってきます。

　例えば、規制される対象者にとって、なぜその規制が必要か、他ならぬ自分が規制対象になるのか、規制を行うための手法は正統か等々について執行機関の十分な説明を受けてはじめて相手方は合意できるでしょう。このような合意を得るための説明責任を「手段のための説明責任」ということができます。こうした説明による合意調達を通じて、政策目的は実現され、「公共性」が果たされることになります。

　一方で、自治体には自己の行動について、国民、住民又は利害関係人

に対して果たすべき制度上の責任があります。相手方が合意しなくても制度上は説明責任を果たさなければならないのです。例えば、規制行政において、申請に対する不許可処分を行おうとするとき、相手方が了解しない可能性がないとしても理由や事実認定について説明しなければなりません。法制度上は、相手方が争うための材料ともなりますが、理由付記が求められています。このように制度上、公共的責務から生じる説明責任を「正統化のための説明責任」ということができ、この説明責任を通じて政府活動の「公共性」が実現されていくのです。

このように合意調達と説明責任は、直接関係するのではありませんが、公共性を最終目標として図表32のような関係に立つと考えられます。

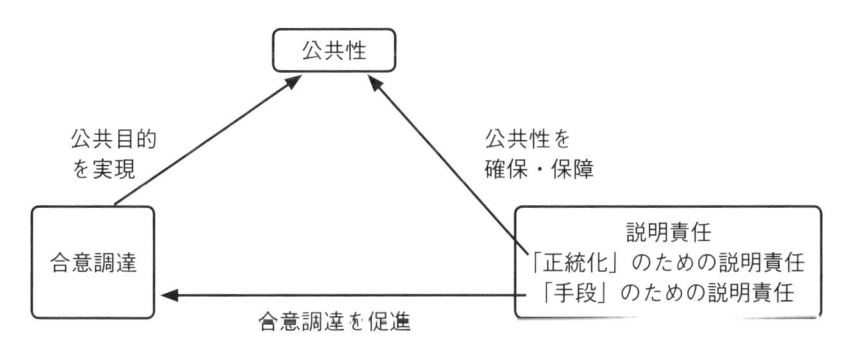

図表32　公共性・合意調達・説明責任の関係

```
              公共性
            ↗        ↖
    公共目的              公共性を
    を実現                確保・保障
      ↑                      ↑
   ┌──────┐            ┌────────────────┐
   │合意調達│ ←──────── │   説明責任      │
   └──────┘ 合意調達を促進 │「正統化」のための説明責任│
                          │「手段」のための説明責任  │
                          └────────────────┘
```

23 公共事業の政策はどうやって進められるの?
―公共用地買収②

ここでは、用地買収の構造を例として、合意調達と説明責任の視点からみていくことにしましょう。

◆公共用地買収の複雑な構造

(1) 公共用地買収とその政策要素

政策を「政府又はこれに準ずる組織がその環境諸条件又はその対象集団の行動に何らかの変化を加える案」と考えると、政策は目的、基準、主体、対象、手段の要素からなります。公共用地(道路用地)買収行政をこの5つの政策の構成要素に沿って整理すると次のとおりです。

目的――必要最小限のコストで用地を取得し、公共施設をつくることで国民(市民)生活及び産業の基盤を整備することです。

基準――「公共用地の取得に伴う損失補償基準要綱(昭和37年6月29日閣議決定)」、「公共用地の取得に伴う損失補償基準(昭和37年10月12日用地対策連絡会理事会決定)」に基づき、起業者ごとに作成された要綱や基準です。

主体――国、日本道路公団、都道府県、市町村、土地開発公社などの起業者です。

対象――土地所有権を有する地権者、用地買収を確定するために境界確定に立ち会いをしてもらわなければならない隣接地主といった起業者が必ず会わなければならない人々と、何らかのアクションをしなければ会わない周辺住民と環境団体です。

手段――権力、組織、資金、情報という4つの政策資源に分類できます。

① 権力

公共用地買収は、土地収用法を根拠とした強制収用が用意されており、任意買収が難しい箇所に強制収用が検討されていきます。強制収用に移行する時期については、土地収用法には規定がなく、起業者と地権者との間の交渉内容等から起業者の裁量により決定されます。

② 組織

用地買収行政を執行するための組織は、国や自治体を問わず、専門性を要するので事業課から分離して用地課を設けています。特に、国、日本道路公団、都道府県の組織は、本局（本庁）と出先事務所から構成されていますが、用地買収は主に出先事務所で行われています。

③ 情報

国や自治体等起業者は、地権者、隣接地主、周辺住民等との情報量の差（情報の非対称性）を克服するため、事業説明会等で事業概要、用地補償のあらまし等のパンフレット等を配布して説明を行っています。また、折り込み広告により情報提供したり、相談所を設置して事業関係者の質問に答えたりしています。

④ 資金

予算については単年度主義が原則ですが、交渉相手の事情等を考慮に入れて事業を進めなければならないので、例外的に繰越制度等を用いて、資金運用を柔軟に行っています。また、事業施行予定との関係で、用地国債などの債券を発行して集中投資させることで円滑な執行を図っています。

(2) 政策の手段と戦略

戦略は、手段と連動して次のようなものがあり、用地担当職員は、地域もしくは地権者ごとに戦略を組み合わせて用地買収を行っています。

① 権力（法）による戦略

ア　法的強制手段による戦略

土地収用法に基づき手続を進めていく過程で、事業認定告示等を行い、起業者側の真剣な態度を示した上で、強制収用に向けて手続を進めます。

イ　合理的な説明による戦略

　土地収用法や公共用地の取得に伴う損失補償基準（昭和37年10月12日用地対策連絡会理事会決定）による手続の流れと補償額の積算根拠等の合理的な説明を十分に行い相手方に理解を求めます。

② **組織による戦略**

ウ　経験豊富な担当者のノウハウと忍耐に頼る戦略

　用地担当者は、はじめから交渉内容に入らずに、世間話をしながら交渉相手と親交を深めることを考えて接触し、お互いの信頼関係を構築していきます。その上で、交渉内容について話し始め、相手方の同意をとるために何度も足を運んで理解してもらうのです。

エ　地域的プレッシャーによる戦略

　事業に協力的な箇所から買収を進めていき、難航箇所の隣接地前後まで工事を進めます。そこで、周辺住民や隣接地主から説得してもらい、非協力者に対して地域的プレッシャーを与えます。

オ　第三者の説得による戦略

　地域の中で信頼があり、不動産取引などの専門的知識を有する人から説得してもらいます。例えば、市町村（国県事業対策室）職員、農協職員等が該当します。

③ **情報による戦略**

カ　情報戦略

　事業の必要性や用地補償制度等について、起業者から地権者に対して積極的に情報提供することで、情報の非対称性を解消し、事業に対する理解を求めます。

キ　包摂による戦略

　情報を与え、参加の機会を与えることで、事業に対する合意をとりつけ、生じるであろう反対を緩和させます。

ク　地域における合意の雰囲気を醸成する戦略

　事業に協力的な人から協力を得て、事業推進の足場を固めます。次に事業に賛成でも反対でもない人から賛同を得ます。これに成功すると、地域全体に協力の雰囲気が醸成されてきます。そして、条

件的非協力者を協力者に転換させます。最後に絶対的な反対者への対応を行うのです。

　ケ　代替地情報の提供による戦略

　地権者から代替地希望条件を聞いて、市町村職員を通じて、地元不動産業者から情報を入手し、複数選択肢を提供します。

④　資金による戦略

　コ　相手方に誘因条件を示す戦略

　民間の売買よりも税金面で有利であるとか、隣接地の建物等と一体で解体した方がいいとか、契約してもらうことが有利になることを地権者に説明します。

　サ　代替地提供による戦略

　金銭補償を行う代わりに、起業者自らが有している代替地を提供します。

⑤　4つ以外の戦略

　シ　時間による戦略

　交渉は白熱すると、本来冷静であれば考えられることも考えられなくなるので、地権者に冷静になって考える時間を与え、相手方が選択できる時間を与えることが必要な場合もあります。一方で、地権者に考える時間を与えると地権者の気持ちの整理がつかなくなり、かえって交渉が難航する場合もあります。

　時間による戦略は、相手との関係により相手に結論を出させるタイミングの問題につながっているといえます。

◆市民からの合意調達を得るための戦略

　政策を実現するためには、様々な関係者、市民の利害を調整して、合意を確保することが大切です。特に、計画策定段階にあまり興味を抱かない団体や個人を執行段階でどのように関与させて理解を深めるか、あるいは将来の事務遂行上のコンフリクト（衝突）を少なくするという点で、公衆への情報提供は重要です。

　公共事業を実施する場合は、事業に対する同意を醸成し、幅広い合意

を形成するために、情報をキーとして働きかけが行われています。これを「**情報の戦略**」ということができます。

　地域で情報が浸透したあとでは、政策目的を実現するために、自己の組織を強化したり、他の組織を利用して合意形成を図ろうとします。これを「**組織戦略**」ということができます。

　さらに、公共事業の用地取得に当たっては、十分な補償額を提示したり、地域における経済的なメリットを強調し、経済的なインセンティブを用いて合意形成を図ろうとします。これは「**資金戦略**」ということができます。

　最後に、こうした戦略によって公共事業の用地取得ができなかった場合は、土地収用法等の強制手段によって用地を取得します。これを「**権力戦略**」ということができます。

　公共事業は、こうした4つの戦略を順次用いながら、様々な関係者、市民の利害を調整し、合意を確保しつつ、公共事業の用地取得を進めています。

　このうち「情報戦略」は、地域における紛争予防機能を持ち、その後、事業関係者の合意形成を円滑に進める役割を持っています。「組織戦略」と「資金戦略」は、直接影響のある事業関係者から合意形成を図るための中心的な戦略になっています。「権力戦略」は、これらの非権力的な戦略では合意形成が図れない時に利用されますが、それだけではなく、事業反対者への威嚇作用として硬直した状況を克服して任意の用地取得を進める戦略になっています。収用委員会における和解手続なども合意形成のために役立っています。また、このような戦略に関連して、情報を与えるとともに参加の機会を与え、当事者意識を醸成することで、事業への合意をとりつけ、または、生じたであろう反対を緩和するという戦略がとられます。これを「**包摂戦略**」ということができます。「包摂戦略」は「情報戦略」と類似性が強く、区別することは難しいですが、住民や事業関係者の理解を求めるためには、事業者の一方通行の説明だけでは不十分です。インフォメーションセンターを設けて、住民や事業関係者の疑問等に答えるといった双方向関係をつくるために

もより積極的な戦略となっており公共事業を進める上で重要な戦略といえます。

　そして、公共事業の施行予定との関係では、ある時期までに交渉を成立させる必要があるので、タイミングを見ながら、相手方に結論を出させる「**時間の戦略**」はプロセス全体を通じて広く活用されている戦略ということができます。

　以上のように情報戦略、包摂戦略、組織戦略、資金戦略、権力戦略といった5つの戦略は、図表33のような関係で描くことができ、いずれの戦略も公共事業を進める上で、様々な関係者、市民との利害を調整し、合意調達するために欠くことができないものです。

図表33　公共事業と各戦略の相関関係

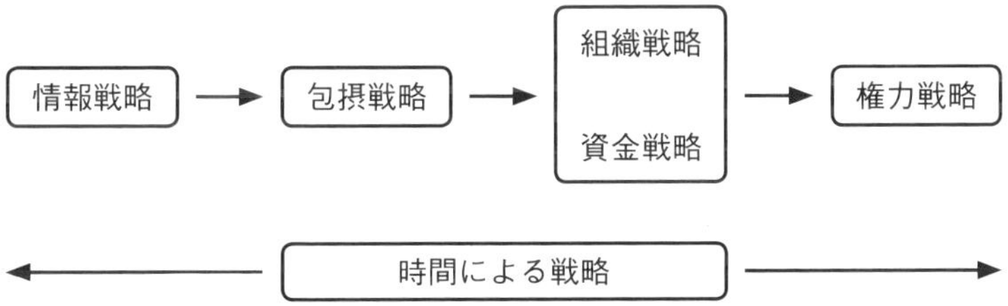

情報戦略 → 包摂戦略 → 組織戦略／資金戦略 → 権力戦略

時間による戦略

◆様々な戦略を必要とする用地買収行政

　以上のような手段と戦略が用地買収に必要とされるのは、用地買収行政が次のような特質を有しているからです。

（1）情報の非対称性

　起業者は公共事業の実施の専門家（プロ）です。地域住民は、公共事業について初めて経験することが多いアマチュアです。用地交渉の当事者間は「プロ対アマ」の構造です。専門知識に乏しい地権者は極めて慎重になり、硬直化し一見非合理な行動をとる場合もあります。

（2）土地の硬直性（土地の非代替性）

　市場による不動産取引は、売り手との交渉が成立しなければ、他の

場所を探せばいいですが、公共用地買収は売り手との交渉が困難であっても変更することは難しいものといえます。

（３）権力性と非権力性との混在

用地買収は、背後に土地収用法による強制収用制度が控えているものの、ほとんどの場合は起業者と地権者との合意に基づく任意買収により行われています。ただ、土地所有者は土地を手放さないという選択をすることができないので、取引の有無について自由かつ対等な契約ではありません。

（４）交渉相手の多数性とその相互影響性

起業者は一時期に多数の交渉相手と同時並行的に交渉をしなければならない上に、交渉相手は相互に情報交換しながら対応を模索しており、情報の提供にあっては公平性に気をつけなければなりません。

（５）交渉の時限性

公共事業の施行予定との関係により、ある時期までに交渉を成立させる必要があります。このためタイミングを見ながら、相手方に結論を出させる時間の戦略が重要になってきます。

（６）価格の流動性

用地買収の対象となる土地や建物は、経済情勢（国の景気対策・税制改革など）、周辺地域の開発動向など外部環境の影響を受けやすい「財」です。このために買収価格は変動することが前提になっています。

◆用地買収行政に求められる合意調達・説明責任

用地買収行政は、土地収用法や公共用地の取得に伴う損失補償基準（昭和37年10月12日用地対策連絡会決定）といった基幹制度に加え、代替地提供制度、税の優遇制度など合意調達を行う制度が新たに作られてきました。

また、用地担当職員にとっては、相手方に誘因条件を示したり、地域的にプレッシャーをかけたりするなど合意調達を行うための様々な技術が生み出されています。このような制度や技術は、あくまでも合意調達

を目的としたものであり、説明責任を果たすためのものではなく、それどころか説明責任も果たしていません。

　また、起業者は、事業を進めるために、権利を有する者や地域に影響力があるものなど事業執行に直接影響がある者から合意を得ようとしています。つまり、合意調達を行う上で、対象となる利害関係人の優先順位には明らかに差があり、特定の者に対してのみに説明し合意調達を行って事業を進めているので、現実には合意調達と説明責任とは対立関係にあるということができます。

　しかし、一方で、合意調達を行うといっても、対象者は地権者だけでなく、隣接地主、環境団体等広くかつ多様な主体にわたっています。こうした様々なステークホルダー（利害関係人）から合意調達を行うためには、政策目的の有効性、効率性などの事業自体の公共性について正統化のための説明責任を果たして合意を獲得していく必要があります。

　広範囲の関係人からの合意調達を得るためには、広報紙の発行、インフォメーションセンター（相談所）の設置など情報戦略を強化する工夫もなされており、これは、合意調達のみならず、説明責任を果たそうという試みとしてみることができます。

　つまり、幅広い範囲の利害関係者から合意を得なければならない場合は、合意調達と説明責任は重複し、相互に補完し合っていく可能性が出てくるのです。様々な利害関係者が錯綜するような事態になればなるほど、合意調達と説明責任の関係は矛盾、対立した関係としてとらえるのではなく、両者を一体としてとらえなければならないのです。

24 地球温暖化に対して国はどのように対応したの?
―国際社会・国・自治体の政策手法①

　人間の活動に伴って発生する二酸化炭素、メタンなどの温室効果ガスの濃度が増加することによって、地球の表面及び大気の温度が上昇する地球温暖化問題が深刻になっています。この地球温暖化によって、台風や干ばつ、暴風雨等の異常気象、海水面の上昇、自然生態系の改変、砂漠化の進行、穀物生産の変容など多くの問題が懸念されます。ここでは、地球温暖化対策を例にして、国際社会の動向、国や自治体の現状を踏まえ、今後の対応を検討することにします。

◆地球温暖化に向けた国際社会の動向

　1992年の「環境と開発に関する国連会議(地球サミット)」の中で地球温暖化対策について議論がなされ、「環境と開発に関するリオ・デ・ジャネイロ宣言」が発表されました。そして、個別分野では、「生物の多様性に関する条約」、「気候変動に関する国際連合枠組条約」(以下「気候変動枠組条約」とする。)も締結されました。

　気候変動枠組条約は、あくまで枠組条約にすぎないので、気候変動に対する施策の内容は、締結国会議(Conference of Parties: COP)に委ねられました。わが国は、1993年に気候変動枠組条約を受託し、1994年に発効しました。そしてこの条約の具体的な内容が決定されたのは、1997年に京都で開催された第3回締結国会議(COP 3)でした。そこでは、「京都議定書」が締結され、それによると先進国は、2008年から2012年の5年間で温室効果ガス排出量を基準年1990年比で5.0％(日本は6.0％)削減するという内容でした。わが国はこの京都議定書を2002年に批准していますが、米国の議定書離脱等もあり、2005年に発効するこ

とになったのです。

　1990年代には、地球温暖化対策について疑問の声もありましたが、2007年には、国連と世界気象機関が設立した気象学や自然生態系等の専門家で組織する「気象変動に関する政府間パネル」(IPCC：Intergovernmental Panel on Climate Change) が、第4次評価報告書をまとめ、地球温暖化の原因は、人為的起源の温室効果ガス濃度の上昇とほぼ断定しました。

◆地球温暖化対策推進法の主体とその内容

　わが国は、気候変動枠組条約を締結し、その後、京都議定書が採択された翌年の1998年に、地球温暖化政策の基本的方向と体系を定めた地球温暖化対策の推進に関する法律（以下、地球温暖化対策推進法）を制定します。

　この法律の目的は、地球温暖化対策に関し、国、自治体、事業者、国民の責務を明らかにし、地球温暖化対策に関する基本指針を定めること等により、社会経済活動による温室効果ガス排出抑制を促進する等の地球温暖化対策の推進を図ることです。

　主な内容としては、国や自治体等の各主体の責務、地球温暖化対策基本方針、政府の温室効果ガス排出抑制等のための施策、都道府県及び市町村の実行計画、事業者の事業活動に関する計画、地球温暖化防止活動推進員に関する規定、地球温暖化防止活動推進センターに関する事項が含まれています。

◆地球温暖化対策推進法における自治体の役割

　地球温暖化対策推進法の中における自治体の役割は、自治体の責務（4条）及び施策（20条）において、区域の自然的社会的条件に応じて温暖化防止を実施する責務や地域の事業者、住民などに対して温暖化対策を講じる責務を有し、特に地域の温暖化防止を実施する責務や地域の事業者、住民等について総合的かつ計画的な施策を推進することと規定されています。

また、当該自治体の事務及び事業に関し、温室効果ガスの排出量削減に関する「地方公共団体実行計画」を策定し、実施状況を公表すること（20条の３）、事務事業に関する温室効果ガス排出量について算定し報告することが義務付けられています（21条の２）。

　さらに、地域住民等の温暖化対策を促進するために、地球温暖化防止活動推進員を委嘱する（23条）、都道府県における地球温暖化防止活動推進センターを非営利団体から指定する（24条）、地域において住民や事業者等が協議する組織として地球温暖化対策地域協議会を設置できること（26条）等の措置が整備されています。

◆地球温暖化防止を実現するための政策手法

　このような地球温暖化対策推進法の趣旨に則り、自治体は、地球温暖化対策を総合的かつ計画的に事業を推進していく必要があります。原因物質である二酸化炭素が社会経済活動全般から多岐にわたり排出され、二酸化炭素の長期に及ぶ蓄積により地球温暖化が進行して被害がでていること、排出量と被害の程度に関して因果関係が十分に定量的に把握することができないことなどから、地球温暖化対策については、多様な政策手法（図表34参照）を用いて対応することが重要になります。（田中（2007・2008）参照）

（１）規制的手法

　規制的手法の直接規制とは、事業活動に際して排出基準や行動基準を設定し、事業者（排出者）に基準の遵守を要求し、罰則等の強制的手段を用いてその遵守を確保していく事業活動の排出行為等に対する直接的な手法です。この手法は、排出者の行為を監視し、基準の遵守を確認する監視システムであり、小規模で分散する排出者に対しては実施コストが高く、排出により被害発生に対して不確実なリスクが存在する場合は、規制の効果が限られたものになります。一方、枠組規制や手続規制は、具体的な行為を直接義務付けるものではなく、目標を提示してその達成を義務付けるなどにより、間接的に規制の目的を達成する手法です。

　地球温暖化対策推進法の公表制度は、事業者が排出している温室効果

ガス量の適正な把握と公表の枠組みを適用することで事業者の排出削減努力を緩やかに促そうとする制度です。

(2) 経済的手法

経済的手法とは、市場メカニズムを前提とし、経済的インセンティブの付与を介して各主体の経済合理性に沿った行動を誘導することによって政策目的を達成しようとする手法です。

賦課金は、環境税など汚染物質を排出する排出者に対して一定額の金銭的負担を課す制度であり、補助金は、太陽光発電設置補助制度など環境保全等の行為に対して経済的支援を行う制度です。また、排出権取引制度は、温室効果ガスの許容排出量をあらかじめ各排出者に割り当てておき、排出者が割当量を超えて排出する場合には、他の排出者から排出枠の一部を購入することを認める方式で、京都議定書で明記された制度です。

経済的手法は、社会全体の排出削減に適用する場合は、削減費用は直接規制による個別の削減対策の費用の総和より安価に削減できる点でメリットがあります。小規模事業者にまで排出量に応じて排出削減を誘導させることが可能で、従来、効果が及ばないとされた政策手法を補完し有効にすることができる機能として注目されています。

この他、地球温暖化対策としての有力な政策手法としては、計画的手法、情報的手法、教育的・啓発的手法、自主管理的手法、参加的手法などがあります。

図表34 政策手法と温暖化対策への適用

政策手法	概　要	温暖化への対応
1　規制的手法	罰則などの制裁的措置により、事業者（対象者）に一定の行為や作為を義務付ける手法	
①　直接規制	行為や排出、施設構造等について直接的に禁止、制限等を行う手法	事業者の温室効果ガス排出量総量規制

	② 枠組規制	目的を示して、その達成を義務付ける	地球温暖化対策計画書制度（東京都等）
	③ 手続規制	意思決定過程に環境配慮の判断のための機会と判断基準を組み込む	大規模建築物環境計画書制度（東京都等）
2	計画的手法	目標を設定し、達成のための方針、手段（対策）、プログラムを提示	地域推進計画、エネルギー計画
3	経済的手法	行為に対して費用や収入等を変化させることで対象者（事業者等）に望ましい行為を選択させるよう誘因を与える手法	環境税、排出枠取引、太陽光発電設置補助
4	事業的手法	財やサービスを提供する事業を行う、あるいは購入することにより、環境保全に取り組む	森林整備による吸収源対策
5	教育的・啓発的手法	教育手段により住民や事業者の意識啓発を図り環境保全に関する自主的取り組みを推進	温暖化環境教育学習
6	自主管理的手法	事業者等が自主的な活動をおこすことで環境の取組みを推進する	事業者環境ISO、自主行動計画、温室効果ガス排出に関する事業者協定
7	情報的手法	環境に関する情報を対象者（住民、事業者）に開示、提供することで環境保全に取り組む	省エネラベリング、環境性能表示、環境報告書の発行
8	参加的手法	事業実施、意思決定過程に対象者（住民、事業者）を参加させることで環境保全に取り組む	地球温暖化協議会の設置と活動
9	促進的手法	対象者（住民、事業者）の自発的な行為を非権力的に促進する手法	先進的な対策や取組みに関する表彰
10	調整的手法	様々な行為を調整することで環境保全の取り組みを推進	苦情相談等紛争調整

（出典）田中充「地方自治体における地球温暖化対策制度の推進（その２）」『社会志林』（法政大学社会学部紀要）第54巻３号10頁の表4.1を一部修正

25 地球温暖化対策を自治体はどう進めていくの?
―国際社会・国・自治体の政策手法②

地球温暖化対策には、様々な政策を組み合わせた対策がとられています。ここでは、「ポリシーミックス」という視点からアプローチします。

◆政策手法の組合せ（ポリシーミックス）の活用

　2008年に全部改訂された京都議定書目標達成計画は、「効果的かつ効率的に温室効果ガスの排出削減を進めるとともに我が国全体の費用負担を公平性に配慮しつつ極力軽減し、環境保全と経済発展といった複数の政策目的を同時に達成するため、自主的手法、規制的手法、経済的手法、情報的手法などあらゆる政策手法を総動員し、それらの特徴を活かしつつ、有機的に組み合わせるというポリシーミックスの考え方を活用する」としています。

　これは、自治体が地球温暖化対策を推進する場合には、地域の特性に照らして多様な対策手段の利点や限界を考慮し、様々な政策手法を有機的に組み合わせて実施する「ポリシーミックス」の視点が重要であることを強調したものです。

　このポリシーミックスの検討は、自治体独自で行う場合もあれば、自治体間の水平的な関係で行われる場合もあり、また、国と自治体といった垂直的な関係で行われる場合もあります。いずれにしても、地域で求められる課題に対して、対象者、原因者の特性、社会的状況や地域ニーズ等に留意しつつ、多様な政策手法を相互補完的に組み合わせ、総合的な対策とすることで相乗効果が発揮されることが期待されています。

（1）水平的ポリシーミックス

　1995年以降の電力自由化の進展により、既存電力10社により地域独占

体制が流動化し、新規発電事業者、環境NPO・NGO、大手シンクタンクなど新たなアクターが出てきました。こうした電力自由化を背景に、電力購入先の選定時の条件に一定の自然エネルギーを求めるようになりました。こうした電力自由化の背景を受けて、2007年に東京都が都有施設で実施した電力入札において、購入電力の省二酸化炭素化（グリーン化）をはかるとした「グリーン電気購入制度」を開始しました。そしてこのことをきっかけに、神奈川県でも2008年度からは、独自の環境配慮事項を定めた同様の制度を開始し、その取組みは他自治体にも波及しました。このことは、東京都から発信される政策手法が他の自治体へ影響を及ぼし、自治体間で相互参照して、独自の政策手法とした事例であり、地球温暖化対策に取り組んだ水平的なポリシーミックスの事例ということができます。

（2）垂直的ポリシーミックス

　自治体間における相互参照とは対照的に、自治体が地域の総合的な政策の調整者として国の制度と地域独自の制度を政策統合するという点が垂直的ポリシーミックスの特徴です。

　1つには、全国統一の標準的な政策展開をしている国の制度が基本となって、自治体が独自により高い水準の制度を用意する場合です。具体的には、国の制度・政策を基礎として、地域の実情を見極めながら、足りない政策手法を強化して地域固有の制度を「上乗せ」したり、またその地域では対象外となる課題に地域の工夫を「横出し」して自治体制度を拡大して運用したりしていく場合が考えられます。

　もう1つは、国が産業界等の関係団体の合意を得られない等の理由により、国が導入していない政策や制度を自治体が先導していく場合です。例えば、東京都では、2002年に大規模事業所に温室効果ガスの排出量の算定・報告、目標設定などを義務付けるとともに、自主的削減を促進する「地球温暖化対策計画書制度」を導入しました。これは、2005年の地球温暖化対策推進法の改正により導入された国による「温室効果ガス排出量の算定・報告・公表制度」に先立つものです。

　そしてさらに、2008年には都民の健康と安全を確保する環境に関する

条例を改正し、「温室効果ガス排出総量削減義務と排出量取引制度」を導入しました。この制度は都内で一定規模以上の建物や施設が燃料や熱、電気の使用に伴う二酸化炭素総量を削減する義務を負い、目標排出量を上回った分は排出枠の購入で補てんできますが、それでも目標を達成できない場合は、罰則が科せられる制度です。EU等で経済的手段として導入が進むキャップ・アンド・トレード（国内排出量取引制度）を国に先駆けて導入したものです。

◆国・自治体による地球温暖化対策の今後の方向性

地球温暖化対策は、国・自治体それぞれが対策を進めています。

（1）国の地球温暖化対策

国の地球温暖化対策としては、2010年に国会に提出された「地球温暖化対策基本法案」の中に、今後の温暖化対策の主要3施策（図表35参照）が示されており、全国的に政策展開すべき内容が盛り込まれていました。

第一に、国内排出量取引制度（キャップ・アンド・トレード）です。

東京都や埼玉県では、排出量取引はすでに行われていますが、国は、国の中長期的目標の達成に向けて、温室効果ガスの排出量の削減が着実に実施されるように、大規模排出者の一定期間の温室効果ガスの排出量の限度（総量方式を基本としつつ原単位方式についても検討）を定めるともに、柔軟な義務履行を可能とするため、他の排出者との排出量の取引等を認めるものです。

第二に、地球温暖化対策のための税です。

二酸化炭素を排出する者（化石エネルギー利用者）全てに薄く広く負担を求める課税により削減効果を狙いとするとともに、併せて地球温暖化対策に要する費用を賄うことも期待するものです。

第三に、再生可能エネルギーの全量固定価格買取制度です。

この制度は、一定の価格、期間及び条件の下で電気である再生可能エネルギーの全量について電気事業者に調達義務を課すことで、再生可能エネルギーの利用を促進するものです。その費用を電気事業者が電力需

要者から電気料金とともに徴収するというものです。

いずれの政策も企業の経済活動に負荷をかけるものなので、今後、経済界との調整をどのようにうまくしていくかどうかが、この法案成立の鍵とされました。

なおこの法案は、温室効果ガスの排出を2020年に1990年比25％削減するという目標をめぐって与野党の調整がつかず、継続審議がくり返されましたが、2012年11月、衆議院の解散により廃案になりました。

図表35　国の温暖化対策における主要3施策の比較

	国内排出量取引制度	地球温暖化対策のための税	全量固定価格買取制度
目的	温室効果ガスの排出量の着実な削減	広く経済社会全体に低炭素への経済的インセンティブを与えることによる二酸化炭素排出抑制効果、地球温暖化対策の財源確保も期待	電気である再生可能エネルギーの利用促進
対象	産業・業務部門を中心とした温室効果ガスの大規模排出者	家庭・運輸部門、小規模排出源を含む化石燃料利用者全般（価格転嫁を通じてカバー）	電力需要家のみ（電気料金上乗せによりカバー）
手段	排出量に排出枠を設けるとともに、柔軟な義務履行を可能とするため排出枠の取引等を認める	全化石燃料に二酸化炭素排出量に応じて薄く広く課税する	電気事業者に一定の価格、期間、条件の下、電気である再生可能エネルギーの調達義務を課す

（2）自治体レベルの地球温暖化対策

① 地域資源の活用

東京都や神奈川県等の広域先進自治体では、国のように地球温暖化対策という単一の政策目的に政策手段を検討することが考えられますが、その一方で、市町村、特に規模の小さい市町村では地球温暖化対策の重要性は認識できても、二酸化炭素の排出量を削減させるという目的だけでは、自治体で地球温暖化対策を行う意義を実感することが乏しいといえます。そこで「地球温暖化対策を実施することで環境をより良くすることと同時に、地域経済・地域社会を活性化させる」という政策の目的に置き換えることで、地域・自治体レベルの地球温暖化対策の推進につ

図表36　地球温暖化対策に関係する地域資源と取組み

分　類		具体的資源	関係する取り組み
自然資源		風、太陽光、雪氷、地形、森林、水、温泉、地熱、海洋	風力発電、太陽光発電、バイオマス利用、小水力発電、地熱利用
社会資源	産業	農業、林業、漁業、工業、商業、観光、副産物（間伐材、廃棄物）、事業者	地産地消、バイオマス、ペレットストーブ、環境配慮型産業、低炭素型観光地づくり、中小企業による省エネ推進
	社会インフラ	公共交通、中心市街地、商店街、水路、道路、林道	公共交通拡充、BDF（バイオディーゼル）利用、コンパクトシティ、レンタサイクル、低炭素型商店街、エコポイント・エコマネー、小水力発電、バイオマス

（出典）平岡・新川他（2011）63頁を一部修正

なげていくことが考えられます。また、地域・自治体レベルの地球温暖化対策には、再生可能エネルギーに代表されるように地域の自然、産業、社会インフラなどの地域資源（図表36参照）の価値の再認識、有効活用を促す要素が多く含まれており、こういった地域資源の活用を通じて、これらが新たな地域活性化の手段になる可能性があります。今後、自治体は、地域活性化を視野に入れた地球温暖化対策を進めることも必要です。

② 温暖化対策を推進する原動力

　自治体レベルの温暖化対策を効果的かつ効率的に実施するためには、地域社会で経験を有する人材・組織等の存在が必要となります。

　事業を推進するリーダーの存在はもちろんですが、関連する分野の知識・経験・企画立案能力を有する人材ネットワークが重要になってきます。

　市街地活性化に取り組む地域、市民らによる自発的活動が盛んな地域、さらに、地縁的な組織が活発な地域といったように地域の特性によって異なりますが、地域に以前からある産業、商店街、自治会、NPO等の市民団体と協働して自治体が地球温暖化対策に取り組むことは大切であり、それらは貴重な原動力になります。

26 老朽化する社会資本にはどのような対策を講じるの?

　本章の最後では、現在の公共政策を学ぶ上で見逃すことのできない「老朽化する社会資本」に対して、自治体はどのような対策を講じればよいのかを考えることとしましょう。

◆公共政策が直面している課題とはなにか?

　2012年に発生した中央自動車道の笹子トンネル天井崩落事故は、社会資本の老朽化によっておこった大惨事といえます。社会資本(道路・橋など)は徐々に老朽化が顕在化しつつあり、その対策は喫緊の課題です。

　社会資本の老朽化への対応策はわが国だけでなく、米国においても深刻な問題でした。近年の米国は、1930年代のニューディール政策によって大量に建設された社会資本の老朽化が進む中、1970年代半ばまで長引いたベトナム戦争で多くの社会資本が疲弊してしまい、その修復と再構築のための資金不足に襲われました。社会資本の適切な維持管理・更新投資がないことからくる悪路や欠陥橋梁の増加により、経済的・社会的に大きな損失がもたらされました。(根本(2011)28-36頁参照)

　一方、わが国においても、戦後から高経済成長期にかけて整備・蓄積されてきた社会資本は建設後相当の期間を経過してきており、道路や下水道というライフラインにおいて老朽化が原因で倒壊・陥没等の障害が見られるようになりました。とりわけ、わが国は、米国と異なり、地震が多いことが特徴になっており、また、図表37のように地方道(市区町村道)の施設数が多いことが特徴として挙げられます。

　超高齢社会の到来により、社会保障費は増加する一方で、公共事業費

は削減されています。もう財政の余裕はありません。わが国が抱えるこの最も重大な課題を解決することが、現在の公共政策に与えられた使命なのです。

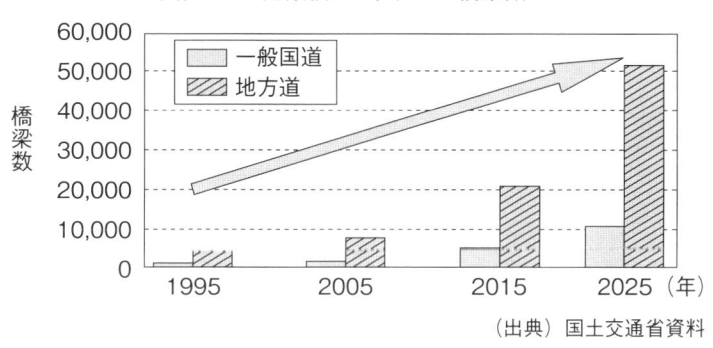

図表37　建築後50年以上の橋梁数

（出典）国土交通省資料

◆自治体が考える課題とその対応策

　社会資本とは、道路や橋、ダムや発電所などのことをいいます。こうした社会資本の老朽化の原因としては、①自動車等の規格が道路等の社会資本を整備した時代と比べ、さらなる強度の維持を必要とするようになったという機能的陳腐化、②材料等がもともと適切でなかったことなどの不適切な設計（施工・材料・使用）から起こる損傷、③自然環境・使用状況からの経年劣化などが挙げられます。

　社会資本の老朽化対策は、総合的に信頼できる情報が欠如して断片的に情報が利用されていることが問題になっていますので、まずは資産台帳の整備する必要があります。そしてその上で、維持管理の長期計画を策定するなど、長期的な視点にたった取組みをする必要があります。この場合、自治体の長や議会議員は、次の選挙のことを中心に考え、長期的な視点を持たずに、「先を見ない政治」をしてしまうという課題を克服しなければなりません。

　道路管理を行う上では、橋梁、トンネル、舗装等を道路資産ととらえ、その損傷、劣化等を将来にわたり把握することで、費用対効果の最

も高い維持管理を行うアセットマネジメント（資産の管理・運用）なども対応策になります。また、構造物のカルテを電子化して、インターネットで情報を共有する電子カルテなどをあげることができます。実際に検査体制を強化すること、検査技術の導入も検討されますが、その際には組織体制・人員等が問題にされます。とりわけ、地方道（市区町村道）を管理する市町村では、専門職を採用していないところもあることから、人員の不足は深刻な問題になります。

さらに、維持補修をするための代替施設が確保できない等の問題も出てきており、補修のための新工法・材料等の補修新技術が望まれます。以上のような課題と対応策に対して、自治体はいかに補修更新予算を確保するか、財源確保の問題が重要になります。公物への企業会計の導入、道路特定財源の維持管理への活用等も検討する必要があります。

◆地域社会での監視体制とマニュアル活用、コストの圧縮

老朽化した社会資本は、人間の体と違って老朽化の症状を訴えてくれませんので、センシング（探索）をして、できるだけ早い段階から発見、予防・治療（適切な措置）を講じなければなりません。早期治療で対応できれば安価なコストで対応できますので、コスト面からも大切な視点になります。このようなセンシングの例として、東京ガスの「TUMSY（タムジィ）(Total Utility Mapping SYstemの略)」を挙げることができます。これは、ガス・水道・下水・通信・電力といった社会資本や、自治体で管理する地域情報、災害情報など様々な情報を地図上で一括管理し、有効活用するものです。また、東京ガスの「見守りサポートシステム」のように、地域住民やサポーターによる劣化進行、劣化予測、限界状態防止のモニタリング、異常探知の発見などを行っています。

こうした民間企業も含めた地域社会での監視体制を強化することは、自治体の監視体制を補完する上でも有効な手段になります。

また、市町村によっては、点検マニュアルを作成していないところもありますので、その場合は次に紹介する横浜市のマニュアル作成、保全費用のコスト縮減策が参考になります。

（1）点検マニュアルと優先順位マニュアル

　横浜市では、従来は点検マニュアルにより各部局が点検を行い、その結果を反映して修繕計画を立てて、保全工事を行ってきました。しかし、すぐに実施されず予算の先送りになっている例も多いことから、これまで以上に優先順位付けの考え方が必要になってきていると考え、点検マニュアルに優先順位マニュアルを加え、施設ごとの「保全方針」を作成することにしました。

　この点検マニュアルについては、市町村の中には、使いこなす職員がいないところもありますので、今後、自治体にとっては、職員の専門性（技術力）も問われることになります。人口の少ない規模の小さい市町村では、専門性（プロフェッショナル）を独自に養成することは難しいので、「公共施設の広域化」にもつながりますが、広域的専門セクターを作って、地元金融機関等の地元企業にも加わってもらい維持管理を行う必要があります。さらに、従来、施設を整備することに生きがいをもってきた技術系職員に、施設を維持・管理することに目を向けさせるために、職場の人事評価につなげていく必要があります。

　優先順位マニュアルについては、生命の安全確保、管理瑕疵が問われるものを「A1：必ず予算確保」、市民生活や経済活動への影響を回避するものを「A2：優先的に予算確保」、「A3：出来る限り予算確保」、「B：経過観察」「C：当面は措置不要」とランク付けして予算編成の基礎資料とすることにしています。

　各部局で優先順位を付けたものをいかに横断的に調整して、自治体全体としてまとめるか、点検のための総合的な視点を誰がもつかが課題になります。首長のガバナンスの問題にもつながりますが、地域ニーズをどう把握するかが大切であり、これには住民、地元企業などの参加による地域としての合意形成が必要になります。

（2）保全費用のコスト縮減策

　老朽化対策のために増加する維持管理費用のコスト削減には、図表38のように横浜市の3つの取組みが参考になります。①水準を抑制したコスト削減、②コミュニティーセンター、学校等の施設を複合化した対象

量の縮減、③経営努力・アウトソーシングなどによる保全費財源の確保などの取組みです。さらに図表39のように、事業量を確保しながら、自治体公費投入量を抑制し、民間企業からなるべく多くの資金を調達できる事業スキームを構築するという狙いから、SPC（特定目的会社）を作り民間企業と連携したエリアマネジメントを行うことも考えられます。

このように施設の長寿命化を念頭においた取組みに加え、今後は、施設の廃止、撤退という手段を選択肢の一つに加えることも期待されます。

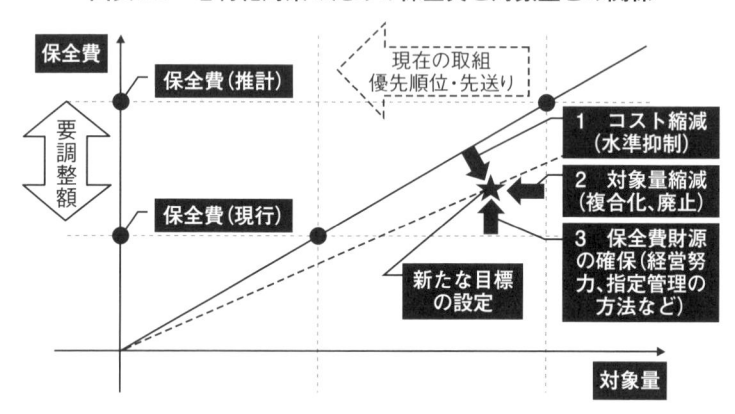

図表38　老朽化対策のための保全費と対象量との関係

（出典）横浜市資料

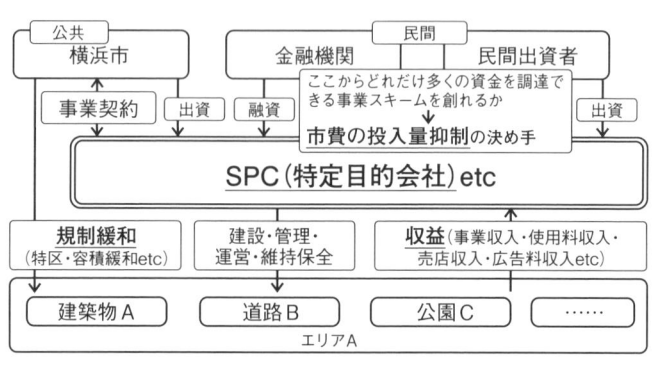

図表39　民間主導のエリアマネジメントの概要図

（出典）横浜市資料

◆参考文献

○青木一益・元木悠子（2007）「東京都における地球温暖化をめぐる政策過程に関する予備論的考察」『富大経済論集（第53巻2号）』富山大学
○秋吉貴雄・伊藤修一郎・北山俊哉（2010）『公共政策学の基礎』有斐閣
○足立幸男（2009）『公共政策学とは何か（BASIC公共政策学1）』ミネルヴァ書房
○阿部泰隆（1999）『政策法学と自治条例―やわらか頭で条例を作ろう』信山社出版
○天川晃（1986）「変革の構想―道州制論の文脈」大森・佐藤編著『日本の地方政府』東京大学出版会
○礒崎初仁・金井利之・伊藤正次（2011）『ホーンブック地方自治（改訂版）』北樹出版
○礒崎初仁編著（2004）『政策法務の新展開―ローカル・ルールが見えてきた（自治体改革第4巻）』ぎょうせい
○礒崎初仁（2010）『変革の中の地方政府―自治・分権の制度設計』中央大学出版部
○礒崎初仁（2012）『自治体政策法務講義』第一法規
○伊藤修一郎（2002）『自治体政策過程の動態―政策イノベーションと波及』慶應義塾大学出版会
○伊藤修一郎（2006）『自治体発の政策革新―景観条例から景観法へ』木鐸社
○伊藤修一郎（2011）『政策リサーチ入門―仮説検証による問題解決の技法』東京大学出版会
○伊藤正次（2010）「自治体の政策決定機構―合議体における政策決定の正当性の確保」『地方自治職員研修（607号）』公職研
○出石稔（2010）「地域主権時代の自治立法のあり方」『都市とガバナンス(vol.14)』日本都市センター
○今村都南雄（1997）『行政学の基礎理論』三嶺書房
○岩﨑忠（1999）『公共用地買取の制度と技術～政策執行過程における説明責任の視角から～』東京大学都市行政研究会研究叢書18
○岩﨑忠（2000）「建設発生土総合対策の政策法務」『都市問題（第91巻第7号）』東京市政調査会
○岩﨑忠（2009）「指定管理者制度と政策評価～神奈川県立都市公園を例にして～」『自治研究（第85巻第11号）』第一法規
○岩崎美紀子（1998）『分権と連邦制』ぎょうせい
○岩橋健定（2001）「条例制定権の限界―領域先占論から規範抵触論へ」『行政法の発展と変革（塩野宏先生古稀記念）（下）』有斐閣
○内海麻利（2010）『まちづくり条例の実態と理論―都市計画法制の補完から自治の手だてへ』第一法規
○宇都宮深志・新川達郎編（1991）『行政と執行の理論（「現代の政治学」シリーズ③）』東海大学出版会
○大杉覚（2012）「指定管理者制度の目的志向的活用と自治体経営」『地方自治（No.775）』ぎょうせい
○太田雅幸・吉田利宏（2006）『政策立案者のための条例づくり入門』学陽書房
○大橋洋一編著（2010）『政策実施（BASIC公共政策学6）』ミネルヴァ書房
○大森彌（1995）『現代日本の地方自治』放送大学教育振興会
○金井利之（2007）『自治制度』東京大学出版会
○金井利之（2010）『実践自治体行政学―自治基本条例・総合計画・行政改革・行政評価』第一法規
○兼子仁（2008）『自治体行政法入門（改訂版）』北樹出版
○兼子仁・北村喜宣・出石稔（2008）『政策法務事典』ぎょうせい

○木佐利男・田中孝男（2012）『自治体法務入門（第 4 版）』ぎょうせい
○北村喜宣・山口道昭・出石稔・礒崎初仁（2011）『自治体政策法務―地域特性に適した法環境の創造』有斐閣
○北村喜宣（1999）『環境政策法務の実践』ぎょうせい
○北村喜宣・礒崎初仁・山口道昭（2005）『政策法務研修テキスト（第 2 版）』第一法規
○北村喜宣（2008 a）『行政法の実効性確保』有斐閣
○北村喜宣（2008 b）『分権政策法務と環境・景観行政』日本評論社
○北村喜宣（2011）『環境法』弘文堂
○C.フッド（森田朗訳）（2000）『行政活動の理論』岩波書店（原典：Christopher. C. Hood, Administrative, Analysis : An Introduction to Rules, Enforcement, and Organization, Palgrave Macmillan, 1986
○小林明夫（2007a, b, 2008a, b）「立法検討過程の研究―自治体立法学への試論(1)～(4・完)」『自治研究（第83巻 8 号、12号、第84巻 2 号、3 号）』第一法規
○柴田直子・松井望（2012）『地方自治入門』ミネルヴァ書房
○嶋田暁文（2010）「政策実施とプログラム」『政策実施（BASIC公共政策学第 6 巻）』ミネルヴァ書房
○新藤宗幸（1999）『自治体公共政策論』島根自治体学会
○新藤宗幸（2004）『概説　日本の公共政策』東京大学出版会
○神野直彦（2002）『人間回復の経済学』岩波書店
○鈴木庸夫（2007）『自治体法務改革の理論』勁草書房
○スティグリッツ.J.E（藪下史郎訳）（2003）『スティグリッツ公共経済学（第 2 版）上』東洋経済新報社
○スティグリッツ.J.E・ウォルシュ.C.E（藪下史郎ほか訳）（2012）『スティグリッツ入門経済学（第 4 版）』東洋経済新報社
○曽我謙悟（2013）『行政学』有斐閣
○田口一博（2005）『一番やさしい　自治体政策法務の本』学陽書房
○武智秀之（2013）『行政学講義―決定の合理性』中央大学出版部
○田中孝男（2010）『条例づくりのための政策法務』第一法規
○田中充（2007・2008）「地方自治体における地球温暖化対策制度の推進（その 1～3）」『社会志林』法政大学社会学部学会
○田村達久（2007）『地方分権改革の法学分析』敬文堂
○田丸大（2000）『法案作成と省庁官僚制』信山社出版
○田村泰俊・千葉実・吉田勉（2009）『自治体政策法務』八千代出版
○辻清明（1976）『日本の地方自治』岩波書店
○辻山幸宣（2000）「日本における条例の歴史と課題」自治体学会編『年報自治体学第13号　ローカル・ルールをつくろう』良書普及会
○成田頼明（2009）『指定管理者制度のすべて―制度詳解と実務の手引（改訂版）』第一法規
○野口悠紀雄（1982）『公共経済学』日本評論社
○西尾勝（1990）『行政学の基礎概念』東京大学出版会
○西尾勝（1999）『未完の分権改革―霞が関官僚と格闘した1300日』岩波書店
○西尾勝（2001）『行政学（新版）』有斐閣
○西尾勝（2007）『地方分権改革』東京大学出版会

- 根本祐二（2011）『朽ちるインフラ―忍び寄るもうひとつの危機』日本経済新聞出版社
- 早川純貴・内海麻利・田丸大・大山礼子（2004）『政策過程論―「政策科学」への招待』学陽書房
- 人見剛（2005）『分権改革と自治体法理』敬文堂
- 人見剛他（2012）『公害防止条例の研究』敬文堂
- 平井宜雄（1995）『法政策学（第2版）―法制度設計の理論と技法』有斐閣
- 平岡俊一・新川達郎他（2011）『地球資源を活かす温暖化対策―自立する地域をめざして』学芸出版社
- 廣瀬克哉（1998）「政策手段」『行政学の基礎』岩波書店
- 松井望（2009）「庁議制度と調整機構」『分権改革は都市行政機構を変えたか』第一法規
- 松下圭一（1991）『政策型思考と政治』東京大学出版会
- 松下啓一（2010）『政策条例のつくりかた―課題発見から議会提案までのポイント』第一法規
- 松沢成文（2009）『受動喫煙防止条例―日本初、神奈川発の挑戦』東信堂
- 真渕勝（2009）『行政学』有斐閣
- 真山達志（2012）『ローカル・ガバメント論―地方行政のルネサンス』ミネルヴァ書房
- 宮川公男（1994）『政策科学の基礎』東洋経済新報社
- 宮川公男（2002）『政策科学入門（第2版）』東洋経済新報社
- 宮﨑雅人（2011）「高齢化する道路・橋梁」井手英策『雇用連帯社会～脱土建国家の公共事業』岩波書店
- 三野靖（2005）『指定管理者制度―自治体施設を条例で変える』公人社
- 村上順（2010）『政策法務の時代と自治体法学』勁草書房
- 村松岐夫（2001）『行政学教科書―現代行政の政治分析（第2版）』有斐閣
- 森田朗（1998）『行政学の基礎』岩波書店
- 森田朗（2000）『現代の行政（改訂版）』放送大学教育振興会
- 森田朗（2006）『会議の政治学』慈学社出版
- 森田朗（2007）『制度設計の行政学』慈学社出版
- 森田朗・金井利之（2012）『政策変容と制度設計―政界・省庁再編前後の行政』ミネルヴァ書房
- 山谷清志（1997）『政策評価の理論とその展開―政府のアカウンタビリティ』晃洋書房
- 山谷清志（2011）『政策評価（BASIC公共政策学9）』ミネルヴァ書房
- 山本博史（2008）『行政手法ガイドブック―政策法務のツールを学ぼう』第一法規

（初出一覧）
本書は、以下の作品を中心にまとめたものである。
- 連載「ガハハ・岩﨑忠の　公共政策ってなあに!!」『（web版）e-Reiki CLUB　とっても身近な自治体政策法務シリーズ』第一法規（2010年5月～2011年4月）
- 連載「公共政策ってなあに!!」『自治体法務NAVI vol.41～44』第一法規（2011年6月～2011年12月）
- 「庁内調整・議会対応・市民からの合意調達」『地方自治職員研修臨時増刊号vol.98』公職研（2011年11月）

【著者紹介】

岩﨑　忠（いわさき　ただし）

　現在、公益財団法人地方自治総合研究所常任研究員、中央大学大学院公共政策研究科兼任講師

　1967年神奈川県生まれ。東京大学大学院法学政治学研究科修士課程修了【修士（法学）】。神奈川県職員（1991－2010年）を経て、現在に至る。

　専攻：地方自治、行政学、行政法

主な著書

『「地域主権」改革～第3次一括法までの全容と自治体の対応～』（単著・学陽書房）2012年
『大都市制度と自治の行方』（編著・公人社）2012年
『変革の中の地方政府～自治・分権の制度設計～』（共著・中央大学出版部）2010年
「指定管理者制度と政策評価～神奈川県立都市公園を例にして～」『自治研究（85巻11号）』（第一法規）2009年（日本公共政策学会2010年度学会賞「論説賞」受賞）
『議会改革とアカウンタビリティ』（共著・東京法令出版）2000年
『アカウンタビリティと自治体職員』（共著・ぎょうせい）1998年
「建設発生土総合対策の政策法務」『都市問題（第91巻第7号）』（東京市政調査会）2000年
『公共用地買収の制度と技術～政策執行過程における説明責任の視角から～』（単著・東京大学都市行政研究会研究叢書18）1999年　等

自治体の公共政策

2013年4月5日　初版印刷
2013年4月15日　初版発行

　　　著　者　　岩﨑　忠
　　　発行者　　佐久間重嘉
　　　発行所　　学陽書房

〒102-0072　東京都千代田区飯田橋1-9-3
　営業／電話　03-3261-1111　FAX　03-5211-3300
　　　振替　00170-4-84240
　編集　電話　03-3261-1112　FAX　03-5211-3301
DTP／みどり工芸社　印刷・製本／三省堂印刷　装丁／佐藤　博

Ⓒ Tadashi Iwasaki, 2013 Printed in Japan
ISBN 978-4-313-16148-1 C2031
※乱丁・落丁本は、送料小社負担にてお取り替えいたします。
※定価はカバーに表示しています。